JN041648

Gakken

きめる！KIMERU SERIES JR

［きめる！公務員試験］

判断推理
Judgment and Reasoning

監修＝橋口武英　編＝資格総合研究所

はじめに

　本書をご覧になっている方は、さまざまな理由で数的処理に対する悩みを抱えているものと思います。「数的処理ってどんな科目だろう？」という初学者の方から、「ある程度時間をかけて数的処理に取り組んでいるのに、いつまで経っても点数が伸びない……」という現在苦戦中の方もいるかもしれません。そのような受験生の皆さんに向けて、数的処理の「最低限必要な解法」を明示しつつ、近年の多くの問題を解くことで出題傾向を押さえていこうというのが、本書のコンセプトです。

　判断推理は「論理パズル」のような問題が登場することもあって、初学の段階ではとっつきやすく感じる受験生が多いと思います。しかし、いざこれを得点源にしようとすると、なかなか安定しない分野といえます。一見すると入り口はハードルが低いのに、奥に進んでいくとハードルが非常に高いという、いわば数的推理とは逆の傾向があるのです。こうした傾向の原因は何より「解法が決まっていない」ということに尽きます。数的推理であれば、数学の知識を使って解くことが多いので、ある程度の解き方が決まっていて、あとは設定やシチュエーションのひねりで難易度が上がります。一方で、判断推理は解き方が決まっていないために、そもそも「どうやって解いたらよいのか？」という点から問題がスタートするのです。そのために「センスで解くもの」と思われやすいのですね。

　判断推理を攻略するためには、何より「解法のパターン化」が重要です。まずはどんな問題なのか、出題テーマを把握すること、そして出題テーマに合わせた典型の解法パターンをチョイスして、問題に当てはめることです。まずは基本問題を通して、典型の解法パターンの使い方や当てはめ方を理解しましょう。これをやらずに難易度の高い問題ばかり解いても、なかな

か力はつきません。基本を知っているからこそ応用に対応できるのです。くれぐれも優先順位を間違えないように対策を進めてほしいと思います。

　私は「監修者」という立場で本書に関わっていますが、「わかりやすい解説」かつ「実際の本試験で使える解説」をひたすら意識して、詳細かつ厄介な指示を数限りなく出させていただきました。その結果、数的処理をとことん苦手にしてきた受験生の、つまずきやすいポイントをふまえた記述を意識した参考書ができたと自負しています。

　本書を利用された皆さんが、公務員になるという目標を無事に達成されることを祈っております。

橋口武英

　公務員試験対策の新しい形の問題集として、「きめる！公務員試験」シリーズを刊行いたしました。このシリーズの刊行にあたり、受験生の皆さまがより効率よく、より効果的に学ぶために必要なものは何かを考えて辿り着いたのが「要点理解＋過去問演習」を実践できる３ステップ式の構成です。まずは、頻出テーマをわかりやすい解説でしっかりと押さえ、次に一問一答で、知識定着のための学習を行います。そして最後に、選び抜かれた頻出の過去問題を解くことで、着実に理解に繋がり、合格へ近づくことができるのです。

　試験対策を進める中で、学習が進まなかったり、理解が追いつかなかったりすることもあると思います。「きめる！公務員試験」シリーズが、そんな受験生の皆さまに寄り添い、公務員試験対策の伴走者として共に合格をきめるための一助になれれば幸いです。

資格総合研究所

もくじ

CHAPTER 1　　　論理・集合

CHAPTER 2 条件推理

CHAPTER 3 暗号・操作

CHAPTER 4   図形・空間把握

別冊 解答解説集

本書の特長と使い方

3ステップで着実に合格に近づく！

　STEP 1で要点を理解し、STEP 2で理解をチェックする一問一答を解き、STEP 3で過去問に挑戦する、という3段階で、公務員試験で押さえておくべきポイントがしっかりと身につきます。

公務員試験対策のポイントや各科目の学習方法をていねいに解説！

　本書の冒頭には「公務員試験対策のポイント」や「判断推理の学習ポイント」がわかる特集ページを収録。公務員試験を受けるにあたっての全般的な対策や、各科目の学習の仕方など、気になるポイントをあらかじめ押さえたうえで、効率よく公務員試験対策へと進めます。

別冊の解答解説集で、効果的な学習ができる！

　本書の巻末には、本冊から取り外しできる「解答解説集」が付いています。問題の答え合わせや復習の際には、本冊のとなりに別冊を広げて使うことで、効果的な学習ができるようになります。

きめる！　試験別対策

　各章の冒頭には、各試験の傾向や頻出事項をまとめてあります。自分が受験する試験の傾向をしっかりと理解してから、学習の計画を立てましょう。

STEP 1 要点を覚えよう！

　基本的に１見開き２ページで、分野ごとに重要な基本事項をインプット
していきます。そのため、重要な基本事項を網羅的かつ正確に、無理なく
習得できるようになっています。

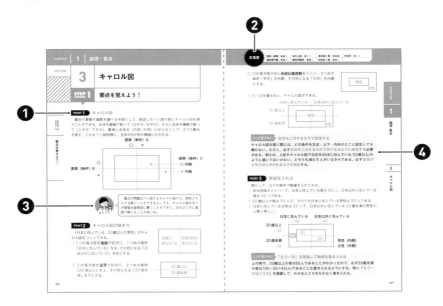

① POINT
このSECTIONで押さえておきたいキー
ワードを解説します。

② 重要度
各SECTIONの試験別重要度を表していま
す。過去問を分析し、重要度を「★」の数
で表しています。

③ キャラクターが補足情報を教えてくれ
ます。

④ ここできめる！
最重要の知識や、間違えやすいポイントを
まとめています。試験直前の確認などに活
用できます。

STEP 2 一問一答で理解を確認！

　STEP 1の理解をチェックするための一問一答形式の問題です。過去問演習のための土台づくりとして、効率的にポイントを復習できます。

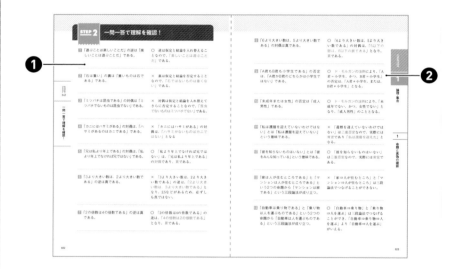

❶ 過去問演習の前に、実戦的な問題形式でSTEP 1で学んだ内容を復習できます。

❷ 解答と詳しい解説で知識の定着と深い理解に繋がります。間違いやすいポイントなども押さえましょう。

STEP 3　過去問にチャレンジ！

　本書には、過去15年分以上の過去問の中から、重要な基本事項を効率的に学習できる良問を選別して収録しています。

　過去問は、可能であれば3回以上解くのが望ましいです。過去問を繰り返し解くことで、知識だけでなく能力や感覚といったアビリティまで身につくという側面があるのです。

別冊　解答解説集

　STEP 3の過去問を解いたら、取り外して使える解答解説集で答え合わせと復習を行いましょう。

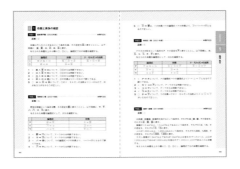

本書掲載の過去問題について
　本書で掲載する過去問題の問題文について、問題の趣旨を損なわない程度に改題している場合があります。

公務員試験対策のポイント

志望先に合わせて計画的で的確な対策を

まずは第一志望先を決めましょう。仕事の内容、働きたい場所、転勤の範囲などが志望先を選ぶポイントです。また、併願先もあわせて決めることで、試験日・出題科目がおのずと決まってきて、学習計画を立てることができるようになります。

過去問の頻出テーマをおさえて問題演習を

公務員試験合格のポイントは、1冊の問題集を何度もくり返し解くことです。そうすることで、知らず知らずのうちに試験によく出るテーマ・問題のパターンがしっかりと身につき、合格に近づくことができるでしょう。

人物試験対策の時間も確保したスケジューリングを

近年では、論文試験や面接等の人物試験が重要視される傾向にあります。一次試験の直前期に、その先の論文試験や人物試験を見据えて、学習の計画を立てるようにしましょう。人物試験については、自己分析・志望動機の整理・政策研究を行って、しっかり対策しましょう。

判断推理の学習ポイント

　ここでは、判断推理とは何か、公務員試験における判断推理のポイントについて説明していきます。本格的な学習を始める前に、まずは全体像を確認しましょう。

判断推理とは何か

　判断推理とは、数的処理の中でも問題の条件を整理して確実にいえることを導く、いわゆる論理問題が多く出てくる分野です。数学の知識はほとんど不要で、むしろ「問題の条件をどうわかりやすくビジュアル化して解いていくか」がカギになると考えればよいでしょう。

　判断推理は、数的処理を学習するうえで最初に取りかかる科目としておすすめです。数的推理は数学そのものに限りなく近い分野のため、公務員試験対策を始めたばかりの受験生のモチベーションをへし折りがちです。一方、判断推理は探偵になった気分で、クイズ感覚で楽しく学習を継続できるのではないかと思います。もちろん、本試験では難易度が高い問題も多いのですが、どんな問題でも時間をかけさえすれば正解にはたどり着けるので、達成感も得やすいというのが判断推理の特長です。

　なお、判断推理はどの公務員試験であっても出題数が多いので、無視できない分野になります。しかも本試験は制限時間がありますから、あまり解答に時間をかけるわけにもいきません。解答時間も意識しながら問題演習を進めるようにしてください。

公務員試験における判断推理のポイント

①出題テーマを見抜けるようにする

　これは判断推理に限らず数的推理でもいえることですが、まずは問題を読んだ段階で「どういう出題テーマか」を判断できるようにしなければいけません。なぜなら、出題テーマがわかって、そのうえではじめて「どのような解答の方向性でいくべきか」がわかるからです。基本的に「出題テーマの判別→解法パターンのチョイス」は一連の流れになるので、ここは普段の学習から意識する必要があります。もちろん、その場で探っていかないと出題テーマが判別できない問題も本試験では出題されますが、基本的な問題であれば、だいたいは問題を読んだ段階で出題テーマの判別が可能です。

②出題テーマに合わせた典型の解法パターンを押さえる

　判断推理は解法に決まりがないので、解き方に複数のアプローチがあって当然です。とはいえ、あらゆる問題で解き方を常に一から考えているようでは、解答に時間がかかって仕方ありません。本試験には制限時間があるわけですから、どこかで「時間短縮の意識」が必要になります。そのために、典型の解法パターンを押さえて、使えるような練習が重要になるわけです。定番の問題であれば、なおさら条件の整理の仕方で悩んでいる暇はありません。まずは典型の解法パターンに落とし込んで使えるかどうかを練習してください。なお、特に国家公務員試験になると、複数の出題テーマにまたがる問題も散見されます。その場合は、複数の解法パターンを組み合わせて解く場面も出てきます。難易度の高い問題も、ゆくゆくはチャレンジして「どのような判断でどの解法をチョイスするのか」を確認してくださいね。

判断推理の学習計画を
チェック！

1 準備期
・命題と真偽の確認
・ベン図・線分図
・キャロル図

> 数学の内容が出てくる
> ところですが、一から
> 学習すればOKです。

2 集中期
・対応
・位置・方位
・順序・数値差

> 判断推理で王道の出題
> テーマです。一通り押
> さえてください。

3 追い込み期
・リーグ戦、トーナメント戦
・嘘つき、暗号
・カード、ボートの移動・
　油分け算、てんびん

> ここも多くは出題頻度
> が高いテーマです。

4 総仕上げ期
・軌跡・一筆書き
・展開図・折り紙
・サイコロ・積み木・正多面体
・立体の切断・投影図
・回転体・図形の移動
・図形の個数・パズル

> 図形・空間把握は
> 後から対策しま
> しょう。難易度が
> 高いので注意！

きめる！公務員試験シリーズで、合格をきめる！

**2023年
9月発売
全5冊**

３ステップ方式で絶対につまずかない！
別冊の解答解説集で効率的に学べる！

数的推理
1,980円（税込）

判断推理
1,980円（税込）

民法Ⅰ
1,980円（税込）

民法Ⅱ
1,980円（税込）

憲法
1,980円（税込）

**2024年
発売予定
全5冊**

社会科学
人文科学
自然科学
文章理解・資料解釈
行政法

シリーズ全冊試し読み
「Gakken Book Contents Library」のご案内

1 右のQRコードかURLから「Gakken Book Contents Library」にアクセスしてください。

https://gbc-library.gakken.jp/

2 Gakken IDでログインしてください。Gakken IDをお持ちでない方は新規登録をお願いします。

3 ログイン後、「コンテンツ追加＋」ボタンから下記IDとパスワードを入力してください。

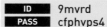

| ID | 9mvrd |
| PASS | cfphvps4 |

4 書籍の登録が完了すると、マイページに試し読み一覧が表示されますので、そこからご覧いただくことができます。

※試し読みキャンペーンは予告なく終了する可能性がございます。

CHAPTER

1

論理・集合

🖐 この章で学ぶこと

⭕ 判断推理の中でも数学の要素が残るテーマ

　本章で扱う命題、集合は高校数学などでも扱うテーマになります。したがって、高校数学の知識があれば、その知識を使って解くことも可能です。しかし、基本的には数的処理として、判断推理としての**解法パターン**を身につけたほうが本試験の問題は解きやすいことが多いといえます。命題であれば定番の解き方としては**記号化**や**ベン図**などがあるので、その2つの解法パターンを押さえることが重要です。集合の問題も、**ベン図**や**キャロル図**、問題によっては**線分図**などを使うことで大半の問題は解くことができます。これらの使い方をしっかり確認するようにしてください。

⭕ 出題される試験種は限定的なので、傾向に合わせる

　細かい出題傾向は後に述べますが、基本的に**出題される試験種は限定的**です。命題の問題は主に国家公務員試験で出題され、地方公務員試験で出題される場合は平易なことが多いです。それぞれの志望度の高さに合わせて、どこまで深入りするべきかを考えておくとよいでしょう。また、集合の問題は東京都の出題頻度が高く、それ以外の試験種であればそこまで頻出ではありません。両者とも解き方がある程度決まっているテーマなので、**メリハリをつけて学習すること**が重要であるといえるでしょう。

⭕ 国家公務員試験で出題される命題は難易度が高めなので注意する

　難易度的なところでは、**国家公務員試験で扱われる命題**は注意が必要です。かなり難易度が高いことが多く、本書で紹介している記号化やベン図だけでは対応できないこともあります。あり得るパターンを全て表で書き出して、そこから条件を満たすものを絞り込むというアプローチが取られる問題もあります（いわゆる「真偽表」と呼ばれる）。解答に時間がかかるものもあるので注意しましょう。

試験別対策

国家一般職

命題については、特徴的な形式で定期的に出題されており、形式的な記号化では対応しきれない難しい問題もあるので注意したい。集合の問題は過去に出題されたこともあるが、難易度はそこまで高いわけでもなく、出題頻度も高くはないので、基本を押さえてほしい。

国家専門職

命題は国家一般職同様に出題頻度が高めなので、対策する必要があるだろう。また、集合についても過去に出題実績があるため、可能な限り準備しておきたい。

地方上級

集合はあまり出題されない一方で、命題の出題頻度はそれなりに高い。ただ、国家公務員試験に比べると難易度はかなり低く、基本事項さえ押さえておけば取れるような問題なので、得点源にしておきたい。

裁判所職員

命題の出題頻度が高い。特に具体的な事案を想定しない、数学のような抽象的な形式論理問題が出題されることがある。裁判所は命題に限らず、数学のような問題が紛れていることがあるので気をつけておきたい。

東京都Ⅰ類

集合の問題はほぼ毎年のように、数的処理の1問目（本試験でいうNo.9）で出題されている。難易度は極めて低いので、確実に得点できるようにしたい。その一方で、命題はあまり出題実績がない。仮に出題されたとしても難易度は低いので、基本的な対策をしておけばよい。

特別区Ⅰ類

以前まではほとんど命題・集合の出題がなかったが、近年は一気に出題頻度が上がっている。毎年のように命題か集合のどちらかが出る状況なので、どちらも対策をしておくべきだろう。難易度は安定して低めなので、基本レベルの対策を行っておきたい。

市役所

傾向は地方上級と似ていて、集合はほとんど出題されない反面、命題は頻繁に出題される。難易度は至って平易なレベルなので、確実に得点したい。

1 命題と真偽の確認

STEP 1 要点を覚えよう！

POINT 1 命題

1つの判断を示した文や式で、それが正しいか正しくないかが定まるものを**命題**という。

命題が正しいとき、その命題は**真**であるといい、正しくないとき、その命題は**偽**であるという。

POINT 2 仮定と結論

2つの条件 p、q を用いて、「p ならば q」という命題があるとき、p を**仮定**、q を**結論**という。論理式では、「p ならば q」を「$p \Rightarrow q$」で表し、「**p であれば、すべて q である**」ことを意味する。

また、p、q の**否定**、つまり、「p でない」、「q でない」は、$\overline{p}$、$\overline{q}$ と表す。二重否定は肯定と同じ「$\overline{\overline{p}} = p$」となる。

POINT 3 逆、裏、対偶

命題「$p \Rightarrow q$」に対して、「$q \Rightarrow p$」を**逆**、「$\overline{p} \Rightarrow \overline{q}$」を**裏**、「$\overline{q} \Rightarrow \overline{p}$」を**対偶**という。

もとの命題「$p \Rightarrow q$」が真であるとき、その逆と裏は必ずしも真であるとは限らないが、対偶「$\overline{q} \Rightarrow \overline{p}$」は常に真である。

例 「ねこは動物である」の対偶は、「**動物でないならねこではない**」となり、いずれも真である。

POINT 4 三段論法

「$p \Rightarrow q$」であり、かつ、「$q \Rightarrow r$」であるとき、「$p \Rightarrow q \Rightarrow r$」となり、「$p \Rightarrow r$」が成り立つ。これを**三段論法**という。

例 「ねこは動物である」かつ「動物は生き物である」、よって、「**ねこは生き物である**」。

問題では、論理式を作る→対偶をとる→三段論法で選択肢が正しくいえるかをチェックする、という流れで検討することが多いよ。

POINT 5 ド・モルガンの法則

論理式では、「かつ」を「∧」で表し、「または」を「∨」で表す。

「$p \wedge q$」の否定「$\overline{p \wedge q}$」は、pとqが同時に成り立つ場合以外のすべてを意味するから、「$\overline{p} \vee \overline{q}$」と等しくなる（$\overline{p \wedge q} = \overline{p} \vee \overline{q}$）。また、「$p \vee q$」の否定「$\overline{p \vee q}$」は、$p$でも$q$でもないことを意味するから、「$\overline{p} \wedge \overline{q}$」と等しくなる（$\overline{p \vee q} = \overline{p} \wedge \overline{q}$）。これをド・モルガンの法則という。

例 「茶色いねこ」の否定は、**「茶色でない」または「ねこでない」のすべて**を含む。

例 「ごはんまたはパン」の否定は、**「ごはんでもパンでもないもの」**である。

> 特に「または」の言い方には注意しよう。「ごはんまたはパン」は、ごはんかパンのどちらか一方だけではなくて、どちらも含めた言い方になるよ。

POINT 6 　命題の分割（並列化）

「A ⇒ B ∧ C」がいえるとき、「A ⇒ B」も「A ⇒ C」もいえる。つまり、**「かつ」が結論**だと2つの命題に分けられる。

「A ∨ B ⇒ C」がいえるとき、「A ⇒ C」も「B ⇒ C」もいえる。つまり、**「または」が仮定**だと2つの命題に分けられる。

例 「野球が上手い人は肩が強く足が速い」という命題からは、**「野球が上手い人は肩が強い」**し、**「野球が上手い人は足が速い」**ともいえる。

例 「野球またはサッカーが好きならスポーツ全般が好きだ」という命題からは、**「野球が好きならスポーツ全般が好き」**だし、**「サッカーが好きならスポーツ全般が好き」**だともいえる。

> ∧や∨が出てくると命題が複雑になりがちだけど、分割して単純にできるんだね。

POINT 7 　ベン図を使う

問題によっては、一部だけ存在する命題（存在命題）が出題されることもある。その場合は円を使ったベン図で命題を整理するとよい。以下のように図式化して解く方法である。

*p*ならば*q*である

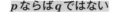

*p*ならば*q*ではない

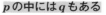

*p*の中には*q*もある

*p*ならば*q*である

*p*ならば*q*ではない

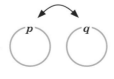

*p*の中には*q*もある

必ず存在する

> 国家公務員試験など、難易度の高い試験で必要なことがあるので注意しておこう。

1「遊ぶことは楽しいことだ」の逆は「楽しいことは遊ぶことだ」である。

○　逆は仮定と結論を入れ替えることなので、「楽しいことは遊ぶことだ」である。

2「石は重い」の裏は「重いものは石である」である。

×　裏は仮定と結論を否定することなので、「石ではないものは重くない」である。

3「ミツバチは昆虫である」の対偶は「ミツバチでないものは昆虫でない」である。

×　対偶は仮定と結論を入れ替えてさらに否定することなので、「昆虫でないものはミツバチでない」である。

4「カニにはハサミがある」の対偶は、「ハサミがあるのはカニである」である。

×　「カニにはハサミがある」の対偶は、「ハサミがないものはカニではない」となる。

5「兄は私より年上である」の対偶は、「私より年上でなければ兄ではない」である。

○　「私より年上でなければ兄ではない」は、「兄は私より年上である」の対偶であり、真である。

6「3より大きい数は、2より大きい数である」の逆は真である。

×　「3より大きい数は、2より大きい数である」の逆は、「2より大きい数は、3より大きい数である」となり、2.5などがあるため、必ずしも真ではない。

7「2の倍数は4の倍数である」の逆は真である。

○　「2の倍数は4の倍数である」の逆は、「4の倍数は2の倍数である」となり、真である。

8 「6より大きい数は、5より大きい数である」の対偶は真である。

○ 「6より大きい数は、5より大きい数である」の対偶は、「5以下の数は、6以下の数である」となり、真である。

9 「A君もB君も小学生である」の否定は、「A君かB君のどちらかは小学生ではない」である。

○ ド・モルガンの法則により、「A君＝小学生、かつ、B君＝小学生」の否定は、「A君≠小学生、または、B君≠小学生」となる。

10 「未成年または女性」の否定は「成人男性」である。

○ ド・モルガンの法則により、「未成年でない、かつ、女性でない」となり、「成人男性」のこととなる。

11 「私は還暦を迎えていないわけではない」とは「私は還暦を迎えていない」という意味である。

× 「還暦を迎えていないわけではない」は二重否定なので、実際には肯定であり「私は還暦を迎えた」となる。

12 「彼を知らないものはいない」とは「彼をみんな知っている」という意味である。

○ 「彼を知らないものはいない」は二重否定なので、実際には肯定である。

13 「家は人が住むところである」と「マンションは人が住むところである」という2つの命題から「マンションは家である」という三段論法が成り立つ。

× 「家⇒人が住むところ」と「マンション⇒人が住むところ」は三段論法でつなげることができない。

14 「自動車は乗り物である」と「乗り物は人を運ぶものである」という2つの命題から「自動車は人を運ぶものである」という三段論法が成り立つ。

○ 「自動車⇒乗り物」と「乗り物⇒人を運ぶ」は三段論法でつなげることができ、「自動車⇒乗り物⇒人を運ぶ」より「自動車⇒人を運ぶ」がいえる。

STEP 3　過去問にチャレンジ！

問題 1

国家専門職（2020 年度）

あるサークルのメンバーに、行ったことがある国について尋ねたところ、次のことが分かった。このとき、論理的に確実にいえるのはどれか。

○ 米国に行ったことがある者は、英国とロシアに行ったことがある。
○ 英国に行ったことがある者は、中国に行ったことがある。

1 英国に行ったことがあるが、米国に行ったことがない者は、ロシアに行ったことがある。
2 ロシアに行ったことがあるが、米国に行ったことがない者は、中国に行ったことがある。
3 ロシアと中国に行ったことがある者は、英国に行ったことがある。
4 中国に行ったことがないが、ロシアに行ったことがある者は、英国に行ったことがある。
5 中国に行ったことがあるが、ロシアに行ったことがない者は、米国に行ったことがない。

➡解答・解説は別冊 P.002

問題 2

警察官Ⅰ類（2021 年度）

あるサークルのメンバーにアンケートを実施したところ、次のア〜ウのことがわかった。このとき、確実にいえることとして、最も妥当なものはどれか。

ア 野球が得意な人は、サッカーが得意でない。
イ バレーボールが得意でない人は、ゴルフが得意である。
ウ バレーボールが得意な人は、サッカーも得意である。

1 野球が得意でない人は、バレーボールも得意でない。
2 サッカーが得意な人は、ゴルフが得意でない。
3 バレーボールが得意な人は、野球も得意である。
4 バレーボールが得意でない人は、サッカーが得意である。
5 ゴルフが得意でない人は、野球も得意でない。

➡解答・解説は別冊 P.002

問題 3 特別区Ⅰ類（2021 年度）

あるグループにおける花の好みについて、次のア～ウのことが分かっているとき、確実にいえるのはどれか。

ア アサガオが好きな人は、カーネーションとコスモスの両方が好きである。
イ カーネーションが好きではない人は、コスモスが好きである。
ウ コスモスが好きな人は、チューリップが好きではない。

1 アサガオが好きな人は、チューリップが好きである。
2 カーネーションかコスモスが好きな人は、アサガオが好きではない。
3 コスモスが好きな人は、アサガオが好きである。
4 コスモスが好きではない人は、チューリップが好きである。
5 チューリップが好きな人は、アサガオが好きではない。

➡**解答・解説は別冊 P.003**

問題 4 国家一般職（2018 年度）

ある市町村の各地区について調査したところ、次のことが分かった。これから論理的に確実にいえるのはどれか。

〇 公民館を有する、又は、図書館を有しない地区は、診療所を有しない、又は、面積が1.0km^{2}以上である。
〇 人口が1,000人以上、又は、面積が1.5 km^{2}以上である地区は、診療所を有する。
〇 人口が1,200人未満である地区は、公民館を有しない。

1 公民館を有する地区は、面積が1.0 km^{2}以上である。
2 診療所を有する地区は、面積が1.5 km^{2}以上である。
3 図書館を有しない地区は、人口が1,200人以上である。
4 面積が1.5 km^{2}以上である地区は、図書館を有する。
5 人口が1,200人未満である地区は、面積が1.0 km^{2}以上である

➡**解答・解説は別冊 P.003**

問題 5

国家一般職（2020 年度）

ある会社における、英語、ドイツ語、フランス語、スペイン語、中国語、ロシア語を通訳できる者の在籍状況について次のことが分かっているとき、論理的に確実にいえるのはどれか。

○ ドイツ語を通訳できる者は、フランス語を通訳できる。
○ スペイン語を通訳できる者は、中国語を通訳できる。
○ フランス語を通訳できる者は、中国語を通訳でき、かつ、ロシア語を通訳できる。
○ 英語を通訳できない者は、ロシア語を通訳できない。

1 英語を通訳できる者は、フランス語を通訳できる。
2 ドイツ語を通訳できる者は、英語を通訳できる。
3 フランス語を通訳できない者は、スペイン語を通訳できない。
4 スペイン語を通訳できない者は、中国語を通訳できない。
5 ロシア語を通訳できない者は、英語を通訳できない。

➡ 解答・解説は別冊 P.004

問題 6

国家一般職（2019 年度）

ある研究室の学生について、次のことがわかっているとき、論理的に確実にいえるものはどれか。

○ パソコンを持っていない人は、スマートフォンを持っている。
○ デジタルカメラを持っている人は、プリンターを持っている。
○ プリンターを持っている人は、パソコンを持っており、かつ、腕時計を持っている。
○ スマートフォンを持っている人は、腕時計を持っていない。

1 スマートフォンを持っている人は、デジタルカメラを持っていない。
2 デジタルカメラを持っていない人は、パソコンを持っている。
3 パソコンを持っている人は、腕時計を持っている。
4 腕時計を持っている人は、プリンターを持っている。
5 プリンターを持っている人は、スマートフォンを持っている。

➡ 解答・解説は別冊 P.005

問題7

あるサークルにおいて、好きなスポーツ及び料理についてのアンケート調査を実施した。次のア～オのことがわかっているとき、確実にいえることとして、最も妥当なものはどれか。

ア　マラソンが好きではない者は、フランス料理も好きではない。
イ　サッカーが好きではない者は、テニスも好きではない。
ウ　フランス料理が好きではない者は、野球もイタリア料理も好きではない。
エ　中華料理もテニスも好きではない者は、ラグビーも好きではない。
オ　野球が好きではない者、またはサッカーが好きではない者は、日本料理も好きではない。

1　テニスが好きではない者は、サッカーも好きではない。
2　野球とイタリア料理の両方が好きである者は、フランス料理が好きではない。
3　ラグビーが好きな者は、中華料理もテニスも好きである。
4　ラグビーが好きな者は、サッカーも好きである。
5　日本料理が好きな者は、マラソンも好きである。

➡解答・解説は別冊P.005

問題8

「春が好きな生徒は、冬が嫌い。」という命題が成立するために必要な命題の組み合わせとして、最も妥当なものはどれか。

ア　春が嫌いな生徒は、夏が好き。
イ　夏が好きな生徒は、春が好き。
ウ　夏が嫌いな生徒は、春が嫌い。
エ　夏と冬が両方好きな生徒はいなかった。
オ　夏と冬が両方好きな生徒が必ずいる。
カ　冬が嫌いな生徒は、夏が好き。

1　ア、エ
2　ア、オ
3　イ、エ
4　ウ、エ
5　ウ、カ

➡解答・解説は別冊P.006

問題 9

国家一般職（2012年度）

釣り大会を実施したところ、全体として釣れた魚はヒラメ、スズキ、ブリ、タイの4種であった。次のことが分かっているとき、確実にいえるのはどれか。

○ ヒラメを釣った者は、スズキとブリも釣った。
○ スズキを釣っていない者は、ブリを釣った。
○ ブリを釣った者は、タイを釣っていない。

1 タイを釣った者は、ヒラメを釣っていない。
2 ヒラメとタイを釣った者がいる。
3 タイとブリを釣った者がいる。
4 スズキとブリを釣った者は、ヒラメを釣った。
5 ブリを釣っていない者は、タイを釣った。

➡解答・解説は別冊 P.006

問題 10

国家専門職（2013年度）

ある集団を調査したところ次のことが分かった。このとき、論理的に確実にいえるのはどれか。

○ ワインが好きか又は日本酒が好きである者は、イタリア料理が好きである。
○ ワインが好きである者は、中華料理か和食のいずれか一つのみが好きである。
○ 日本酒が好きでない者は、和食が好きではない。

1 日本酒が好きでかつワインが好きでない者は、和食が好きである。
2 日本酒が好きである者は、中華料理が好きである。
3 中華料理が好きでかつ日本酒が好きである者は、和食が好きである。
4 イタリア料理が好きか又は和食が好きである者はワインが好きである。
5 和食が好きでかつワインが好きである者は、中華料理が好きではない。

➡解答・解説は別冊 P.007

問題 11

あるスポーツジムにA～Eの5人が通っている。この5人が通っている状況について、次のア～ウのことがわかっている。

ア Aが通っているときには、Bも通っている。
イ Bが通っているときには、CもDも通っている。
ウ CとDの2人とも通っているときには、Eは通っていない。

ある日、A～Eのうちの4人が通っていた。このとき、通っていなかった人として、最も妥当なものはどれか。

1　A　　　2　B　　　3　C　　　4　D　　　5　E

➡解答・解説は別冊 P.008

SECTION

2 ベン図・線分図

STEP 1 要点を覚えよう！

POINT 1　ベン図

　一定の条件のもとにまとめられたものを集合といい、その中の1個1個を要素という。
　集合の問題では、集合の要素の数（人数など）を求める出題になる。その際の定番の解き方の一つが、命題でも紹介したベン図である。ベン図は**集合を円で示したもの**である。

> **ここで動きあめる！** ベン図の描き方
>
> 本試験で出題されるのは、**集合が3つのケース**が大半である。後掲する例題のように3つの円の一部が他と重なったような形で、3つ重なった1か所（*c*）、2つ重なった3か所（*b*、*d*、*f*）、他と重なっていない3か所（*a*、*e*、*g*）、完全に円の外側の1か所（*h*）の合計8か所である。
> 各領域にアルファベットを振り、問題に示される条件から式を立てて、連立方程式として解いていく…というのが定番の解法である。

POINT 2　ベン図で解くコツ

　問題には多くの条件が出てきて、それらをひととおり全て式にする必要があるため、式の本数が多くなる。そこで、**どのように連立方程式を解くか**がポイントになる。
　文字が多く出てくるので、**文字をなるべく減らしていく方向性で式を整理する**ことが重要である。また、式を整理する際には**一部分だけの式どうしを足して、他の式で引く**という流れが出てきやすいので、覚えておくとよい。

> **例題** 一人暮らしをする若者へのアンケートで、料理、掃除、洗濯の3つの家事について得意なものをたずねたところ、ア～オのことがわかった。このとき、アンケートに答えた若者の全体の人数は何人か。
>
> ア　料理が得意なのは90人で、そのうち料理だけが得意なのは43人だった。
> イ　掃除が得意なのは82人で、そのうち掃除だけが得意なのは39人だった。
> ウ　洗濯が得意なのは82人で、そのうち洗濯だけが得意なのは36人だった。
> エ　料理、掃除、洗濯のうち、いずれか2つだけが得意なのは50人だった。
> オ　料理も掃除も洗濯も得意ではないのは20人だった。

右のようなベン図を描いて、条件から式を立てる。

ア：$a+b+c+d=90$、$a=43$ より、$b+c+d=47$…①

イ：$b+c+e+f=82$、$e=39$ より、$b+c+f=43$…②

ウ：$c+d+f+g=82$、$g=36$ より、$c+d+f=46$…③

エ：$b+d+f=50$…④

オ：$h=20$…⑤

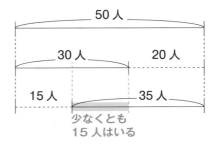

求めるのは全体の人数なので$a+b+c+d+e+f+g+h$であり、c以外の数値は出ているので、cを求める。

一部分の式である①②③を足すと、$2b+3c+2d+2f=3c+2(b+d+f)=136$…⑥となる。

⑥に④を代入すると、$3c+2\times50=136$となり、$3c=36$、$c=12$である。

よって、全体の人数は$43+39+36+20+50+12=\mathbf{200}$（人）となる。

答え　**200人**

POINT 3 最小値の集合

「少なくとも何人いるか」のような最小値の集合では、線分図を使って解くとよい。

全体の人数を確定してから、各集合の数値を線分にして、全体の左端や右端に寄せて、なるべく重ならないようにしても重なる部分が、少なくとも両方にあてはまる人数、つまり最小人数となる。

> **例題** ある学校の50人の生徒に好きな料理についてアンケートを取ったところ、和食が好きと答えた生徒は30人、洋食が好きと答えた生徒が35人であった。このとき、どちらも好きと答えた生徒は少なくとも何人いるか。

線分図を描くと右のようになる。なるべく重ならないようにしても重なってしまう部分は少なくとも両方に当てはまる人数なので、$(30+35)-50=\mathbf{15}$（人）である。

答え　**15人**

1 全部で32人のクラスで、カレーが好きな生徒は24人、ラーメンが好きな生徒は18人いた。どちらも好きではないと答えた生徒が6人のとき、カレーとラーメンの両方が好きな生徒は何人か。

16人

$24 + 18 + 6 - 32 = 16$

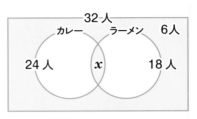

2 全部で50人のクラスで、数学が得意な生徒が14人、国語が得意な生徒が20人、両方とも得意な生徒が4人のとき、どちらも不得意な生徒は何人か。

20人

$50 - (14 + 20 - 4) = 20$

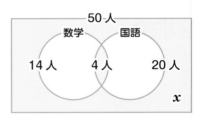

3 あるパーティーで、ワインを飲んだ人は16人、ビールを飲んだ人は20人、両方飲んだ人は8人、どちらも飲まなかった人が10人いるとき、パーティーの参加者は全部で何人か。

38人

$(16 + 20 - 8) + 10 = 38$

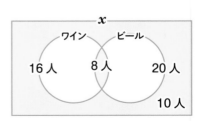

4 ある会社で、テニスをしたことがある人は28人、野球をしたことがある人は32人、サッカーをしたことがある人は38人だった。このうち、テニスと野球をしたことがある人が14人、野球とサッカーをしたことがある人が22人、サッカーとテニスをしたことがある人が16人、3種目すべてをしたことがある人が6人だった。このとき、テニスだけをしたことがある人は何人か。

4人

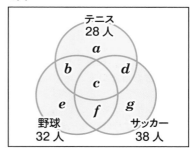

問題より以下の式が立てられる。

$a + b + c + d = 28 \cdots$①
$b + c + e + f = 32 \cdots$②
$c + d + f + g = 38 \cdots$③
$b + c = 14 \cdots$④　　$c + f = 22 \cdots$⑤
$c + d = 16 \cdots$⑥　　$c = 6 \cdots$⑦

求めたいのはaなので、①からb、c、dがわかればよい。④より$b + c = 14$、⑥－⑦より$d = 10$がわかるので、これらを①に代入すると

$a + 14 + 10 = 28$　よって、$a = 4$（人）

5 連休中に旅行に行った50人にアンケート調査を行ったところ、海外を旅行した人は28人、国内を旅行した人は38人だった。海外を旅行した人全員が国内も旅行したのではないとき、海外と国内の両方を旅行した人は、最大何人いるか。

16人

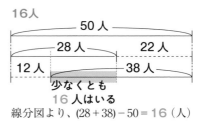

線分図より、$(28 + 38) - 50 = 16$（人）

6 50人にアンケート調査を行ったところ、ニンニクが嫌いな人は14人、トウガラシが嫌いな人は18人だった。このとき、いずれも嫌いでない人は、少なくとも何人いるか。

18人

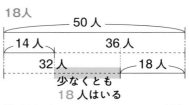

線分図より、$50 - (14 + 18) = 18$（人）

STEP 3 過去問にチャレンジ！

問題1

特別区Ⅰ類（2012年度）

縁日の屋台で、焼きそば、もつ煮、いか焼きを食べた人について、次のア～エのことが分かっているとき、3品全てを食べた人数はどれか。

ア もつ煮を食べた人は、焼きそばといか焼きの両方を食べた人より25人多かった。
イ 焼きそばだけを食べた人といか焼きだけを食べた人の合計は、50人だった。
ウ 1品だけを食べた人は、2品以上食べた人より55人多かった。
エ もつ煮だけを食べた人は、焼きそばといか焼きの両方を食べた人より10人多かった。

1 　8人
2 　10人
3 　12人
4 　14人
5 　16人

➡解答・解説は別冊P.009

問題2

警察官Ⅰ類（2013年度）

20人に鯉、金魚、熱帯魚を飼っているかを尋ねたところ、金魚を飼っている人は14人、鯉を飼っている人は9人、熱帯魚を飼っている人は10人で、どれも飼っていない人が3人いた。またこれらすべてを飼っている人は3人いた。金魚と熱帯魚を飼っている人は7人で、金魚だけ、熱帯魚だけを飼っている人はともに同数だった。鯉だけを飼っている人は1人もいなかった。これらのことから確実に言えるのはどれか。

1 鯉と熱帯魚だけを飼っている人は1人もいない。
2 金魚と鯉を飼っている人は7人である。
3 鯉を飼っていて熱帯魚を飼っていない人は4人である。
4 金魚と鯉を飼っている人と、金魚と熱帯魚を飼っている人の人数は同じである。
5 金魚と熱帯魚だけを飼っている人の数は金魚だけを飼っている人の2倍いる。

➡解答・解説は別冊P.010

問題3

あるクラスの児童40人に、イヌ、ネコ、メダカを飼っているかを尋ねた。今、次のア～クのことがわかっているとき、確実にいえるものはどれか。

ア　イヌを飼っている人は9人いた。
イ　ネコを飼っている人は10人いた。
ウ　メダカを飼っている人は10人いた。
エ　どれも飼っていない人は21人いた。
オ　すべてを飼っている人は2人いた。
カ　ネコとメダカを飼っている人は4人いた。
キ　イヌだけ、メダカだけを飼っている人は同数であった。
ク　ネコだけを飼っている人は5人いた。

1　イヌを飼っていてメダカを飼っていない人は4人である。
2　イヌとネコを飼っている人は5人である。
3　イヌとネコを飼っている人と、イヌとメダカを飼っている人は同数である。
4　イヌとネコだけを飼っている人は1人もいない。
5　メダカだけを飼っている人はイヌとネコだけを飼っている人の2倍である。

➡解答・解説は別冊P.011

問題4

あるレストランでは、ランチタイムのデザートにA、B、Cの3種類を用意している。ある日のランチタイムには40人が来店し、デザートの注文数は次のようになっていた。
A：7皿　B：15皿　C：13皿
また、デザートを注文しなかった人が9人いた。このとき、2種類以上のデザートを注文した人の人数としてあり得るもののうち、最大の人数として、正しいものはどれか。ただし、同じ種類のデザートを2皿以上注文した人はいないとする。

1　2人
2　3人
3　4人
4　5人
5　6人

➡解答・解説は別冊P.012

STEP 1 要点を覚えよう！

POINT 1 キャロル図

　集合の要素の個数を調べる手段として、前述したベン図の他に**キャロル図**も使うことができる。全体を縦線で割って（**左半分／右半分**）、さらに全体を横線で割って（**上半分／下半分**）、最後に全体を（**内側／外側**）と分けることで、3つの集合を表す。これもベン図と同様に、全体が8か所の領域に分かれる。

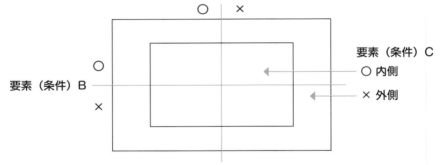

　集合の問題はベン図でもキャロル図でも、原則どちらでも解くことができるよ。でも、キャロル図のほうが数値を直接図に書くことができて、式を立てずに直感で解けることが多いね。

POINT 2 キャロル図の描き方

　「日本に住んでいる、20歳以上の男性」のキャロル図をつくってみる。

① 1つの長方形を**左右**で区切り、1つめの条件「**日本に住んでいる**」を左、その対となる「**日本以外に住んでいる**」を右とする。

日本に住んでいる	日本以外に住んでいる

② ①の長方形を**上下**で区切り、2つめの条件「**20歳以上**」を上、その対となる「**20歳未満**」を下とする。

20歳以上
20歳未満

③ ①の長方形の中に**小さい長方形**をつくり、3つめの
条件「**男性**」を内側、その対となる「**女性**」を外側
とする。

④ ①～③を重ねると、キャロル図ができる。

ここで**書ぎめる!** ▶ 全体を二分するもので設定する

キャロル図を描く際には、どの条件を左右・上下・内外のどこに設定しても
構わない。ただし、必ず**全体を二分するもので対になるように設定する必要**
がある。例えば、上記のキャロル図で左右を(日本に住んでいる/20歳以上)の
ように描いてはいけない。どちらも満たす人がいるからである。必ず**全体が**
どちらかに分かれるような形にする。

POINT 3　　数値を入れる

例として、以下の条件で数値を入れてみる。

① ある団体のメンバーで、日本に住んでいる者は **60人**、日本以外に住んでいる
者は **40人**である。

② 20歳以上の者は **55人**で、そのうち日本に住んでいる男性は **20人**である。

③ 日本に住んでいる女性は **25人**で、日本以外に住んでいる20歳未満の男性の
人数と等しい。

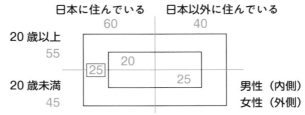

ここで**書ぎめる!** ▶「もう一方」を意識して数値を書き入れる

上の例で、20歳以上の者は55人であることがわかったので、必ず20歳未満
の者は100－55＝45(人)であることも書き入れるようにする。常に「**もう一**
方はどうか」を意識して、わかるところをもれなく書き入れる。

1 中学生と高校生で構成された30人のグループがある。このうち一人っ子は10人で、男子は16人である。一人っ子の男子が6人のとき、一人っ子の女子は何人か。

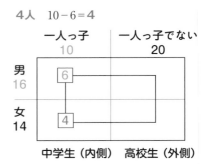

4人　10 − 6 = 4

2 **1** の条件に加えて、一人っ子の女子中学生が2人で、一人っ子でない男子高校生が同数のとき、一人っ子でない男子中学生は何人か。

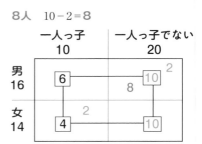

8人　10 − 2 = 8

3 **1** と **2** の条件に加えて、高校生は全部で11人で、一人っ子でない女子中学生と一人っ子でない女子高校生が同数のとき、一人っ子の男子中学生は何人か。

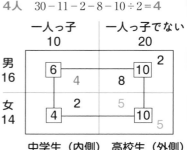

4人　30 − 11 − 2 − 8 − 10 ÷ 2 = 4

4 日本人と外国人を合わせた70人に、渡航歴について調査した。30歳以上の日本人は29人で、日本人・外国人問わず30歳未満の人は26人のとき、30歳以上の外国人は何人か。

15人 70 − 26 − 29 = 15

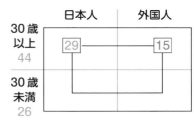

5 **4**の条件に加えて、外国人は27人ですべて海外に行ったことがあるとき、30歳未満の外国人は何人か。

12人 27 − 15 = 12

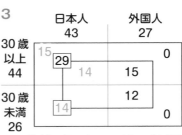

海外に行ったことがある（内側）
海外に行ったことがない（外側）

6 **5**の条件に加えて、海外に行ったことがない30歳以上の日本人が30歳以上の外国人と同数のとき、次の1～3のうち、確実にいえるのはどれか。

1 海外に行ったことがある人は、全部で55人である。

2 30歳以上の人数は、全体の2/3を超えている。

3 30歳以上で海外に行ったことがある人は日本人よりも外国人のほうが多い。

3

	日本人 43		外国人 27	
30歳以上 44	15	29	14	15	0
30歳未満 26		14		12	0

海外に行ったことがある（内側）
海外に行ったことがない（外側）

1 14 + 15 + 12 + 14 = **55**だが、30歳未満の日本人がすべて海外に行ったことがあるかはわからないので、確実にはいえない。

2 上図より、44 < 70 × $\frac{2}{3}$ ≒ **47**となるため誤り。

3 上図より、14 < **15**となり正しい。

STEP 3 過去問にチャレンジ！

問題 1

特別区Ⅰ類（2019 年度）

あるスタジアムでおこなわれたサッカーの試合の観客407人に、応援チームおよび誰といっしょに応援に来たのかを聞いた。今、次のア～エのことがわかっているとき、ひとりで応援に来た観客の人数はどれか。

ア　観客はホームチームまたはアウェーチームのどちらかの応援に来ており、ホームチームの応援に来た人数は325人だった。

イ　ホームチームの応援に来た女性は134人で、アウェーチームの応援に来た男性より86人多かった。

ウ　ホームチームの応援にひとりで来た男性は21人で、アウェーチームの応援に仲間と来た女性より9人少なかった。

エ　ホームチームの応援に仲間と来た女性は119人で、アウェーチームの応援に仲間と来た男性より77人多かった。

| 1 | 42人 | 2 | 44人 | 3 | 46人 |
| 4 | 48人 | 5 | 50人 | | |

➡解答・解説は別冊P.013

問題 2

消防官Ⅰ類（2019 年度）

ある会社の社員80人について、次のア～オのことがわかっているとき、都内に住んでおり勤続年数が10年未満の女性の人数として、最も妥当なものはどれか。

ア　都内に住んでいる者が53人おり、残りの者は都内には住んでいない。

イ　男性は42人いる。

ウ　勤続年数が10年以上の者は40人おり、男性で勤続年数が10年以上の者は24人いる。

エ　都内に住んでいない者のうち、女性は15人いる。また、都内に住んでおらず勤続年数が10年未満の者についてみると、女性が男性より3人多い。

オ　都内に住む勤続年数が10年以上の男性は21人いる。

| 1 | 10人 | 2 | 11人 | 3 | 12人 |
| 4 | 13人 | 5 | 14人 | | |

➡解答・解説は別冊P.014

問題3

ある地域で行われたボランティア活動に参加したA町会及びB町会の町会員の計1,053人について調べたところ、次のア～オのことが分かった。

ア ボランティア活動に初めて参加した町会員は、401人であった。

イ B町会の町会員は389人であった。

ウ A町会の未成年の町会員は111人であった。

エ ボランティア活動に初めて参加したA町会の成年の町会員は180人であり、ボランティア活動に2回以上参加したことがあるA町会の未成年の町会員より95人多かった。

オ ボランティア活動に2回以上参加したことがあるB町会の成年の町会員は、ボランティア活動に2回以上参加したことがあるB町会の未成年の町会員より94人多かった。

以上から判断して、ボランティア活動に2回以上参加したことがあるB町会の成年の町会員の人数として、正しいものはどれか。

1　144人
2　146人
3　148人
4　150人
5　152人

➡解答・解説は別冊P.015

問題4

国家専門職（2021年度）

ある部署の職員30人の勤務形態について、次のことが分かっているとき、確実にいえるものとして最も妥当なものはどれか。ただし、利用できるのは、フレックスタイム、テレワーク、勤務時間短縮の3種類であり、これらは併用でき、全ての職員が少なくともいずれか一つは利用しているものとする。

○ フレックスタイムを利用していない全ての職員は、テレワークを利用している。
○ 勤務時間短縮を利用している職員は、9人である。
○ テレワークを利用していない職員は、4人である。
○ フレックスタイムと勤務時間短縮の両方を利用している職員は、4人である。
○ 3種類全てを利用している職員は、2人である。

1 勤務時間短縮を利用せず、テレワークを利用している職員は、19人である。
2 勤務時間短縮のみを利用している職員は、フレックスタイムのみを利用している職員より多い。
3 フレックスタイムとテレワークの両方を利用している職員は、7人である。
4 テレワークと勤務時間短縮の両方を利用している職員は、3人である。
5 フレックスタイムのみを利用している職員は、4人である。

➡解答・解説は別冊 P.016

問題5

消防官Ⅰ類（2021年度）

全校生徒300人の商業高校で、簿記、英語、電卓の資格を持っているかアンケートを実施した。次のア〜オのことがわかっているとき、確実にいえることとして、最も妥当なものはどれか。

ア いずれの資格も持ってない生徒は21人だった。
イ 簿記の資格を持っていない生徒は88人だった。
ウ 簿記と電卓の両方の資格を持っている生徒は64人だった。
エ 簿記と英語の2つの資格のみを持っている生徒は19人だった。
オ 英語の資格のみを持っている生徒は1人もいなかった。

1 英語の資格を持っている生徒は150人だった。
2 電卓の資格を持っている生徒は131人だった。
3 簿記の資格のみを持っている生徒は128人だった。
4 電卓の資格のみを持っている生徒は67人だった。
5 3つの資格をすべて持っている生徒は24人だった。

➡解答・解説は別冊 P.016

問題6

100人の外国人旅行者 (以下、「旅行者」とする) を対象として、日本で寿司、カレーライス及びラーメンを食べたことがあるかについての調査を行ったところ、次の結果が得られた。

ア 寿司、カレーライス及びラーメンのうちいずれも食べたことがない旅行者は10人である。
イ 寿司またはラーメンを食べたことがある旅行者は85人である。
ウ 寿司を食べたことがある旅行者は55人である。
エ ラーメンとカレーライスの両方を食べたことがある旅行者は8人である。
オ 寿司、カレーライス及びラーメンを全て食べたことがある旅行者は3人である。

このとき、ラーメンのみを食べたことがある旅行者の数として正しいものはどれか。

1 15人
2 18人
3 22人
4 25人
5 28人

➡解答・解説は別冊 P.018

CHAPTER

条件推理

この章で学ぶこと

○ 判断推理のメインとなる部分で、解法の理解が極めて重要

　判断推理のメインテーマとなるのが本章です。特に**対応関係、順序関係、位置関係**の３つは「**３大関係**」といってもよいほど、さまざまな試験種で手を替え品を替え出題されています。したがって、それぞれの出題テーマに合わせた**典型の解法パターン**（＝条件のまとめ方）を身につける必要があります。また、ここで身につけた解法は他のテーマなどでも使うことがあるので、まずは使い方を練習するようにしてください。

○ リーグ戦、トーナメント戦もそれぞれ分けて特徴を理解する

　試合の問題は主に**リーグ戦**（総当たり戦）と**トーナメント戦**（勝ち抜き戦）に分かれますが、どちらもそれぞれの解法を身につけましょう。リーグ戦は対応表を書いて試合結果を整理するなど、基本的には対応関係の問題と同じような解き方になります。一方でトーナメント戦は他のテーマにはない特有の解き方や着眼点を使って解いていきます。試合の問題は試験種によって**出題頻度に大きく違いがある**ため、出題傾向をふまえて対策するとよいでしょう。

○ 嘘つき問題は検討方法にクセがあるので混乱しないようにする

　嘘つきの問題はいわゆる「**証言推理**」と呼ばれるものの一種で、さまざまな試験種で出題される重要テーマです。特に国家公務員試験などでは、他の出題テーマとの融合問題として登場することもあるので気をつけましょう。基本的な解き方は、「正直だとしたら……」「嘘つきだとしたら……」と発言を**仮定**して、発言相互に**矛盾が出ないか**をチェックするという方法になります。しかし、これがかなりクセのある検討方法でややこしく、受験生によっては苦手にしてしまいがちでもあります。ある程度慣れが必要になるので、過去問演習を繰り返して対策しましょう。

国家一般職

　本章のテーマは特に国家一般職が好んで出すところである。対応関係、順序関係、位置関係いずれも出題されるが、特に対応関係は出題頻度が極めて高く、1年で複数問出題されることも多い。また、複数の出題テーマにまたがるような融合問題を出すこともあるので、力を入れて準備すべきところである。

国家専門職

　出題傾向としては国家一般職とかなり似ているといえる。やはり対応関係、順序関係、位置関係の出題頻度が高く、特に対応関係はよく出題される。複数の出題テーマの融合問題もあるので、過去問演習を通して対策しておきたい。

地方上級

　特に対応関係の出題頻度が高く、毎年のように出題が確認されている。それ以外でも、順序関係や位置関係も定期的に出題されるので押さえておきたい。

裁判所職員

　本章のテーマは広く出題されるので、全体的に対策しておくべきだが、他の試験種との違いとしては、嘘つきの出題頻度が比較的高いことが挙げられる。出題形式はさまざまであるが、繰り返し出題されるので、特に志望度が高い場合は注意したほうがよいだろう。

東京都Ⅰ類

　そもそも東京都は判断推理自体の出題数が少なく、例年2～3問程度である。その中でも本章で比較的重要なのは順序関係あたりであろうか。対応関係や位置関係はほとんど出題されていない。

特別区Ⅰ類

　他の試験種と同様、対応関係中心に出題される傾向があるが、特別区特有の傾向としては試合の問題の出題頻度が高い。基本的に例年出題されており、特にリーグ戦は何度も出題されている。トーナメント戦が出る年もあるため、どちらも準備しておくべきだろう。嘘つきも過去に出題実績があるので、広く対策しておきたい。

市役所

　傾向は他の試験種とほぼ同様で、対応関係、順序関係、位置関係を中心に対策するとよいだろう。難易度はそこまで高くない。

SECTION

1 対応

STEP 1 要点を覚えよう！

POINT 1 対応表

与えられた条件を表にして、○×などの記号を記入していく。

> **例題** A～Eの5人は、コーヒー、お茶、水の3種類の飲み物の中から2本ずつ購入した。次のア～オのことがわかっているとき、確実にいえることとして、最も妥当なものはどれか。
>
> ア 5人が購入した飲み物の種類の組合せは、すべて異なっていた。
> イ 同じ種類の飲み物を2本購入した者が、2人いた。
> ウ お茶を購入した者はEを含めて、2人いた。
> エ コーヒーを購入した者は、A、B、Dの3人だけだった。
> オ CはBと同じ種類の飲み物を購入したが、AとEは同じ種類の飲み物は購入しなかった。
>
> 1 Aはコーヒーを2本購入した。
> 2 Dはコーヒーと水を購入した。
> 3 Eはお茶を2本購入した。
> 4 BとEは同じ種類の飲み物を購入しなかった。
> 5 CとDは同じ種類の飲み物を購入した。

わかっていることを表に記入する。○は**購入した**ことを、×は**購入しなかった**ことを表す。完成したものが以下の表である。

	A	B	C	D	E
コーヒー	○○	○	×	○	×
お茶	×	×	×	○	○
水	×	○	○○	×	○

ウより、Eはお茶を購入した。**オ**より、AとEは同じ種類の飲み物を購入していないので、**Aはお茶を購入していない**。

エより、コーヒーを購入したのはA、B、Dの3人だけだから、**CとEはコーヒーを購入していない**。

ウより、お茶を購入したのは2人だけだから、オのCとBが購入した同じ種類の飲み物は、お茶でもコーヒーでもなく、水である。すると、エより、**Bはコーヒーを購入するのでお茶を購入していない**。

アより、5人が購入した飲み物の種類の組合せは、すべて異なっていたから、AとBは同じ組合せではなく、**Aはコーヒーを2本購入した**ことがわかる。

したがって、正解は**1**である。

さらに、Dについても、AやBと同じ組合せではないから、**Dはコーヒーとお茶を購入した**ことがわかる。

お茶を購入した2人は、DとEだから、Eはお茶を2本購入したのではなく、**お茶と水を購入した**ことがわかる。

Cは、お茶を購入していないので、**水を2本購入した**ことがわかる。

ここで 動きめる！ ▶ 確定できる条件を見つける！

与えられた条件の中から、〇×を確定できる条件を見つけて、表をできるだけ埋めていく。その際、問題文では提示されていない内容も、推理して確定させていく。いくつか確定したものがわかれば、正解に導く条件が見えてくるはずだ。

> 個数が問題となる場合は、対応表に数を書き込んで、求めようとする個数を x や y などの文字で表すこともできるよ。

POINT 2 条件に応じて表を工夫する

与えられた条件が人と購入したものなどの2つの項目だけでなく、人と学ぶ科目と曜日など、**3つ以上の項目**にわたる場合や、人が**相互にやり取り**する場合などは、対応表を工夫する必要がある。

曜日	月	火	水	木	金
科目					
人					

	A	B	C
A			
B			
C			

1 出身国が異なるA、B、C、Dの4人は、アメリカ人、イギリス人、中国人、日本人のいずれかであるとき、「Dは日本人ではなく、中国人より年上」なら、Dはアメリカ人かイギリス人である。

○　Dは日本人ではなく、中国人でもないから、**アメリカ人**か**イギリス人**である。

2 出身国が異なるA、B、C、Dの4人がいて、アメリカ人、イギリス人、中国人、日本人のいずれかであるとき、「Aは中国人ではなく、Bより年上で、Bは日本人より若く、イギリス人と同年齢」であるなら、Bはアメリカ人である。

×　Bは、**アメリカ人**か**中国人**である。与えられた条件から、Bが**中国人**である可能性は排除されていない。

3 太郎君が、月曜日から金曜日までの毎日、国語、社会、数学、理科、英語のうち2教科を勉強しているとき、「英語は週4回勉強して、数学、理科と同じ日には勉強せず、理科は水曜日にだけ勉強している」なら、数学も必ず水曜日に勉強している。

○　英語は5日のうち4日勉強しているのだから、英語を勉強していない日は**1日**しかなく、理科と数学は**同じ日**に勉強していることになる。

4 太郎君が、月曜日から金曜日までの毎日、国語、社会、数学、理科、英語のうち2教科を勉強しているとき、「数学と理科を水曜日に勉強し、国語を勉強した次の日には必ず英語を勉強している」なら、国語は火曜日には勉強していない。

○　水曜日には**英語**を勉強していないのだから、国語を勉強した**次の日**には必ず英語を勉強しているという条件から、国語は火曜日には勉強していない。

5 太郎君が、月曜日から金曜日までの毎日、国語、社会、数学、理科、英語のうち2教科を勉強しているとき、「社会は週3回勉強し、英語以外は2日続

○　5日間のうち、**2日続き**にならずに3回勉強しているなら、月曜日、水曜日、金曜日に勉強していることになる。

けて勉強する教科がない」なら、社会は月曜日と水曜日と金曜日に勉強している。

---

6 太郎君が、月曜日から金曜日までの毎日、国語、社会、数学、理科、英語のうち2教科を勉強しているとき、「英語は週4回、社会は週3回勉強している」なら、国語は週2回勉強している。

× 2教科ずつ週5日勉強しているので、全部で2×5＝10回勉強している。英語が4回、社会が3回だから、10－4－3＝3で、国語と数学と理科は1回ずつ勉強していることになる。

---

7 A〜Eの5人がプレゼント交換をし、5人とも自分以外の人から1つだけプレゼントをもらい、自分がプレゼントをあげた相手からはプレゼントをもらわなかったとき、「AがBにプレゼントをあげ、CのプレゼントをDがもらったのではない」なら、Cのプレゼントは確実にAがもらった。

× Cのプレゼントは、BとD以外のAかEがもらった。

---

8 A〜Eの5人がプレゼント交換をし、5人とも自分以外の人から1つだけプレゼントをもらい、自分がプレゼントをあげた相手からはプレゼントをもらわなかったとき、「AがEにプレゼントをあげてDからプレゼントをもらい、BがCにプレゼントをあげてEからプレゼントをもらった」なら、CはDにプレゼントをあげた。

〇 A、B、C、Eはプレゼントをもらっているので、もらっていないのはDだけである。

---

9 A、B、Cの3人が本の貸し借りをし、「AとBは3冊ずつ貸して、Aは4冊借り、BはAとCから同じ冊数を借りて、Aには貸していない」とき、CはBから3冊借りている。

〇 Bは全部で3冊貸して、Aには貸していないから、CはBから3冊借りている。

過去問にチャレンジ！

問題 1

特別区Ⅰ類（2020年度）

A〜Fの6人が共同生活をしており、毎日1人ずつ順番で朝食を準備している。今、ある月から翌月にかけての連続した14日間について、次のア〜オのことが分かっているとき、Aの翌日に朝食を準備したのは誰か。ただし、6人の各人は、朝食を準備した日の6日後に、必ずまた朝食を準備するものとする。

ア　Bは、第5火曜日と5日の日に朝食を準備した。
イ　Cは、3日の日に朝食を準備した。
ウ　Dは、水曜日に朝食を準備した。
エ　Eは、第1金曜日に朝食を準備した。
オ　Fは、月の終わりの日に朝食を準備した。

1　B　　　2　C　　　3　D
4　E　　　5　F

➡解答・解説は別冊 P.019

問題 2

国家一般職（2021年度）

A〜Eの5人は、放課後にそれぞれ習い事をしている。5人は、生け花教室、茶道教室、書道教室、そろばん教室、バレエ教室、ピアノ教室の六つの習い事のうち、Eは二つ、それ以外の人は三つの教室に通っている。次のことが分かっているとき、確実にいえることとして最も妥当なものはどれか。

○　生け花教室に通っているのは4人、茶道教室は3人、書道教室は1人である。
○　AとCが共に通っている教室はない。
○　BとDが共に通っている教室は一つ、AとBが共に通っている教室は二つである。
○　BとEが共に通っている教室は一つ、AとEが共に通っている教室は二つである。
○　Cは、バレエ教室には通っていない。
○　Dは、そろばん教室には通っているが、ピアノ教室には通っていない。

1　Aは、生け花教室とそろばん教室に通っている。
2　Bは、茶道教室と書道教室に通っている。
3　Cは、そろばん教室とピアノ教室に通っている。
4　Dは、茶道教室とバレエ教室に通っている。
5　Eは、生け花教室とバレエ教室に通っている。

➡解答・解説は別冊 P.019

問題 3

特別区 I 類（2021年度）

A～Dの4人は、ある週に2回、甘味屋でそれぞれ1つずつあんみつを注文した。あんみつには、アイス、白玉、あんずの3種類のトッピングがあり、あんみつ1つに対して複数の種類をトッピングすることも、何もトッピングしないこともできる。ただし、同じ種類のトッピングは、あんみつ1つに対して1人1個とする。次のア～カのことが分かっているとき、確実にいえるのはどれか。

ア　2回の注文とも、アイスは1人、白玉は3人、あんずは2人がトッピングした。
イ　Aが白玉をトッピングしたのは、2回の注文のうち、いずれか1回だけだった。
ウ　Bがアイスをトッピングしたのは、2回目だけだった。
エ　2回の注文を合わせたトッピングの延べ個数は、Bが他の3人より多かった。
オ　Cは1回目に何もトッピングしなかった。
カ　1回目にあんずをトッピングした人は、2回目にアイスをトッピングしなかった。

1　1人は2回の注文ともあんずをトッピングした。
2　Aは2回目に何もトッピングしなかった。
3　Bは1回目にあんずをトッピングした。
4　あんみつ1つに対して3種類すべてをトッピングしたのは1人だけだった。
5　Dは1回目にアイスをトッピングした。

→解答・解説は別冊 P.020

問題 4

警察官Ⅰ類（2022年度）

ある会社では、月曜日から土曜日までの6日間、A～Fの6人の社員が、毎日2人ずつ交代で夜間勤務を行っている。この夜間勤務は、勤続5年以上の人と5年未満の人の組み合わせで行われ、Eは勤続5年以上である。ある週の月曜日から土曜日までの勤務状況について、次のア～オのことがわかっているとき、確実にいえることとして、最も妥当なものはどれか。

ア　6人とも2回ずつ夜間勤務を行った。
イ　Aは火曜日、Cは木曜日、Eは金曜日に夜間勤務を行った。
ウ　Aが夜間勤務を行った前の日は、必ずBが夜間勤務を行った。
エ　AはEと1回夜間勤務を行い、FはB、Cと1回ずつ夜間勤務を行った。
オ　この1週間の間に、1人の社員が2日連続して夜間勤務に就くことはなかった。

1　Bは金曜日に夜間勤務を行った。
2　CとDで夜間勤務を行ったことがある。
3　Dは勤続5年未満である。
4　Fは勤続5年以上である。
5　Fは木曜日に夜間勤務を行った。

➡解答・解説は別冊P.021

問題5   国家一般職（2020年度）

ある会社は、総務部、企画部、営業部、調査部の四つの部から成り、A～Hの8人が、四つの部のいずれかに配属されている。A～Hの8人の配属について次のことが分かっているとき、確実にいえるのはどれか。

○ 現在、総務部及び企画部にそれぞれ2人ずつ、営業部に3人、調査部に1人が配属されており、Cは総務部、D及びEは企画部、Hは調査部にそれぞれ配属されている。
○ 現在営業部に配属されている3人のうち、直近の人事異動で営業部に異動してきたのは、1人のみであった。
○ 直近の人事異動の前には、各部にそれぞれ2人ずつが配属されており、A及びCは、同じ部に配属されていた。
○ 直近の人事異動で異動したのは、A、C、F、Hの4人のみであった。

1 Aは、現在、営業部に配属されている。
2 Cは、直近の人事異動の前には、営業部に配属されていた。
3 Fは、直近の人事異動の前には、総務部に配属されていた。
4 Gは、現在、総務部に配属されている。
5 Hは、直近の人事異動の前には、営業部に配属されていた。

➡解答・解説は別冊P.023

問題 6

国家専門職（2021年度）

ある劇場では、ある年の4月から9月まで古典芸能鑑賞会を行い、能、狂言、歌舞伎、文楽、落語、講談のいずれか一つを月替わりで公演した。この間、A〜Dの4人が、それぞれ三つの古典芸能を鑑賞した。次のことが分かっているとき、確実にいえるものとして最も妥当なものはどれか。

○ 毎月2人が鑑賞し、その2人の組合せは毎月異なっていた。
○ 3か月連続して鑑賞した者はいなかった。
○ Aは、狂言を鑑賞し、講談をBと鑑賞した。
○ Bは、能をCと鑑賞した。
○ Cは、6月に鑑賞し、別の月に歌舞伎をDと鑑賞した。
○ Dは、落語を鑑賞した翌月に、狂言を鑑賞した。
○ 8月は文楽を公演した。

1 4月は能を公演した。
2 5月は落語を公演した。
3 6月は講談を公演した。
4 7月は狂言を公演した。
5 9月は歌舞伎を公演した。

➡解答・解説は別冊P.024

問題7

あるコーヒーショップは、1週間のうち、月曜日、水曜日、金曜日の3日間営業しており、各営業日には、2種類以上のコーヒー豆を使用したブレンドコーヒーのみを販売している。コーヒー豆にはA～Gの7種類があり、ある曜日に使用したコーヒー豆は、別の曜日には使用されていない。ブレンドコーヒーに使用するコーヒー豆と、3日間の営業日について、次のことが分かっており、各コーヒー豆の良さが打ち消されず、その良さが引き出されるように、この3日間でA～Gの7種類全てのコーヒー豆を使用するとき、Aについて確実にいえることとして最も妥当なものはどれか。

○ BとCは、一緒に使用されるとそれぞれの良さが引き出される。
○ DとEは、一緒に使用されるとそれぞれの良さが打ち消される。
○ Eは、金曜日に販売されるブレンドコーヒーに使用されている。
○ Fは、水曜日に販売されるブレンドコーヒーに使用されていない。
○ Gは、他の2種類以上と一緒に使用されると、その良さが引き出される。

1 Dと一緒に使用されている。
2 Fとは一緒に使用されていない。
3 水曜日に販売されるブレンドコーヒーに使用されている。
4 金曜日に販売されるブレンドコーヒーには使用されていない。
5 他の2種類と一緒に使用されている。

➡解答・解説は別冊 P.025

問題 8

警察官Ⅰ類（2021年度）

A、B、Cの3人が、赤、黄、紫のいずれかの色の花が一輪だけ咲いている植木鉢をいくつか購入した。さらに次のことがわかっているとき、確実にいえることとして、最も妥当なものはどれか。

ア 3人が購入した鉢の数の合計の内訳は、赤色の花が咲いている鉢が4つ、黄色の花が咲いている鉢が3つ、紫色の花が咲いている鉢が3つであった。

イ 3人が購入した鉢の数は、それぞれAが4つ、BとCがそれぞれ3つであった。

ウ 3人とも赤色の花が咲いている鉢を購入した。

エ 黄色の花が咲いている鉢を購入した人は、紫色の花が咲いている鉢も購入した。

1 Aは、紫色の花が咲いている鉢を1つ購入した。
2 Bは、赤、黄、紫の3色すべての花の鉢を購入した。
3 Bは、黄色の花が咲いている鉢を1つ購入した。
4 Cは、赤色の花が咲いている鉢を1つ購入した。
5 Cは、赤、黄、紫の3色すべての花の鉢を購入した。

➡解答・解説は別冊 P.026

問題 9

警察官Ⅰ類（2019年度）

A～Dの4人は花屋で10本ずつ花を購入した。各自の購入状況のうち、以下のことがわかっているとき、確実にいえることとして、最も妥当なものはどれか。

ア 4人はバラ、ガーベラ、チューリップ、ユリの4種類の花のうち、どの種類も1本以上購入し、4人合わせてバラは13本、ガーベラは12本、チューリップは8本、ユリは7本購入した。

イ 4人が購入したバラの本数はそれぞれ異なっていた。

ウ Aが購入したバラの本数とBが購入したガーベラの本数は等しかった。

エ Bが購入したチューリップの本数とDが購入したチューリップの本数は等しかった。

オ Bが購入したガーベラの本数は、単独で最も多かった。

カ Cが購入したバラの本数は、単独で最も多かった。

キ Dが購入したユリの本数は、単独で最も少なかった。

1 Aはバラを5本購入した。
2 Bはチューリップを1本購入した。
3 Cはバラを6本購入した。
4 Cはガーベラを2本購入した。
5 Dはガーベラを4本購入した。

➡解答・解説は別冊 P.027

問題 10

Aは、月～土曜日の6日間、毎日、近所のレストランで昼食をとった。メニュー及び価格は表のとおりであり、次のことが分かっているとき、確実にいえるのはどれか。

	メニュー	価格
主食・主菜	カレーライス	900 円
	ハンバーグ（ライス付き）	800 円
副菜	サラダ	300 円
	スープ	200 円
デザート	ケーキ	200 円
	ゼリー	100 円

○ Aの毎日の昼食は、表に掲げられた主食・主菜、副菜、デザートの中から、それぞれ一つずつ、計三つのメニューの組合せであり、それらの組合せは6日間、互いに異なっていた。
○ 月、火、金曜日の副菜は同じであった。
○ 火曜日と水曜日のデザートは同じであり、また、木曜日と金曜日のデザートも同じであった。
○ 組み合わせたメニューの合計金額についてみると、木曜日と金曜日は同額であった。また、木曜日と金曜日よりも、月、火、水曜日の方が多く、土曜日の方が少なかった。

1 月曜日のデザートはケーキであった。
2 火曜日の副菜はスープであった。
3 火曜日のデザートはゼリーであった。
4 木曜日の主食・主菜はカレーライスであった。
5 木曜日の副菜はサラダであった。

→解答・解説は別冊 P.027

2 位置・方位

STEP 1 要点を覚えよう！

POINT 1 条件を整理する

　位置関係の問題では、条件として示される上下・左右・前後等の関係を**図にして整理する**。全体の中での位置がわからない場合は部分的に図にして、組み立てていく。また、**位置を定めやすいもの**から優先して考える。

例 図のようなアパートがあり、各部屋に A〜F の 6 人が住んでいる。次のア〜エがわかっている場合の位置関係を考える。

2階			
1階			

ア A と B はどちらかがもう一方の真上に住んでいる。
イ C は 1 階の向かって左端に住んでいる。
ウ B と F は同じ階に住んでいる。
エ D と E は隣り合っておらず、どちらか一方が斜め上に住んでもいない。
⇒①〜⑥とナンバリングする。イで C の位置は示されているので、④に書き込んでおく。

2階	①	②	③
1階	④ C	⑤	⑥

⇒アから、A と B は、下の図のように部分的に表す。A と B は、**上下が反転**した場合も考えられるので、⬍で示すとよい。

POINT 2 　場合分けして考える

　複数の位置関係が成立する場合、**場合分けをした図**をそれぞれ作って考える。

⇒ウから、BとFの位置で考えられるのは、①と②、②と③、①と③、⑤と⑥である。

⇒エから、DとEの位置で考えられるのは、①と③、②と⑤、③と⑥である。

　エのほうがパターンが少ないため、エを場合分けして考える。

1. DとEの位置が①と③の場合

　アから、AとBは②と⑤となり、さらにウから、BとFは⑤と⑥とわかる。

2. DとEの位置が②と⑤の場合

　アから、AとBは⑥と③、ウから、BとFは③と①とわかる。

3. DとEの位置が③と⑥の場合

　アから、AとBは②と⑤、ウから、BとFは①と②とわかる。

> ここで差をつける！ ▶ 取りうる可能性の少ない条件から絞り込む
>
> 位置関係を与えられた条件に従って検討する場合には、Cのように位置が確定しているもの、AとBのようにセットになっているもの、DとEのように場合分けがしやすいものから判断していく。

POINT 3 　円卓の場合

　円卓の問題では、全体の中での上下・左右の位置関係はなく、円卓を中心として「〇〇は××の隣」「△△は■■の真向かい」などと、**相対的な位置**が条件として示される。そのため、**条件から読み取れる情報が多い一人**の場所を固定して考える。

例 円卓を囲んでA～Fの6人が座っている。次のア～ウがわかっている場合の位置関係を考える。

ア　AとBは向かい合っている。

イ　Bの両隣にはCとDが座っている。

ウ　DとEは隣同士であり、Eの左隣はAである。

⇒わかっている位置関係がA、C、Dの3人で一番多い **B** を中心として、一番下に固定して考える。

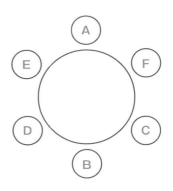

⇒ウから、DとEが隣同士ということは、**A とBの間の2席**である。さらに、Eの左隣がAだから、**A－E－Dの並び**となり、残るCとFの位置も確定する。

1 下図のような位置に、8軒のテナントが道路を挟んで並んでいる。そのうち1軒は空いている。次のア〜ウがわかっているとき、書店の位置として可能性があるものを2つあげよ。

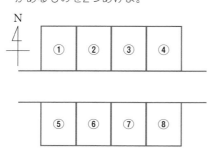

N

ア 空き店舗は、洋品店の斜め向かいにあり、東端ではない。
イ 洋品店の東隣りは書店である。
ウ 道路の北側の左から2軒目は法律事務所である。

④ ⑦ 法律事務所は②であり、洋品店の東隣りに書店があることから、洋品店は、③か⑥となる。よって、書店の位置として可能性があるのは、④と⑦である。

....

2 **1**のア〜ウに加えて、次のエがわかっているとき、1〜3のうち確実にいえるのはどれか。

エ 法律事務所と喫茶店は道路に面して同じ側にあり、洋品店とは反対側にある。

1 法律事務所の隣りは空き店舗である。
2 書店の向かいは空き店舗である。
3 洋品店は法律事務所の斜め向かいに位置する。

1 喫茶店は①か③か④である。また、洋品店と書店の位置は⑥と⑦となる。すると、空き店舗は、喫茶店が①のときは③、喫茶店が③のときは①、喫茶店が④のときは①か③のいずれかとなり、いずれの場合も、法律事務所の隣りは空き店舗である。空き店舗は①か③だから、⑦の書店の向かいが空き店舗とは限らない。また、洋品店は⑥だから、法律事務所の斜め向かいではない。

....

3 円卓を囲んでA〜Fの6人が座っている。次のア〜ウがわかっているとき、AがDの右に座った場合のFの位置として可能性があるものを、①〜⑥の中からすべてあげよ。ただし、Bは④の位置に座っているものとする。

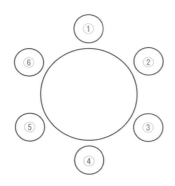

ア　AとCは隣り合っていない。
イ　Eの左隣りにBがいる。
ウ　Dの向かいはBである。

⑤　イ、ウから、Eは③、Dは①となる。AがDの右に座ったので、Aは⑥である。アから、Cは②なので、Fは⑤しかない。

- -

4 ある市にA〜Eの5つの施設がある。次のア〜ウがわかっているとき、1〜3のうち確実にいえるのはどれか。
　ア　AはBの真西、Cの真北に位置している。
　イ　EはDの南東、Bの真南に位置している。
　ウ　BE間の距離はED間と同じで、AC間の2倍ある。

1　DはAよりも西側に位置する。
2　CはDよりも南側に位置する。
3　CはDの南東に位置する。

2　ア、イを図に表すと下のようになる。ただし、AB間の距離はわからないので点線で示す。

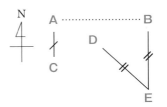

AB間の距離によって、Dの位置は**東西方向**に移動するため、1と3は確実にはいえない。

問題 1

特別区Ⅰ類（2021年度）

次の図のような3階建てのアパートがあり、A〜Hの8人がそれぞれ異なる部屋に住んでいる。今、次のア〜カのことが分かっているとき、確実にいえるのはどれか。

ア Aが住んでいる部屋のすぐ下は空室で、Aが住んでいる部屋の隣にはHが住んでいる。

イ Bが住んでいる部屋の両隣とすぐ下は、空室である。

ウ Cが住んでいる部屋のすぐ上は空室で、その空室の隣にはFが住んでいる。

エ DとFは同じ階の部屋に住んでいる。

オ Fが住んでいる部屋のすぐ下には、Hが住んでいる。

カ Gが住んでいる部屋の部屋番号の下一桁の数字は1である。

3階	301号室	302号室	303号室	304号室	305号室
2階	201号室	202号室	203号室	204号室	205号室
1階	101号室	102号室	103号室	104号室	105号室

1 Aの部屋は201号室である。

2 Bの部屋は302号室である。

3 Cの部屋は103号室である。

4 Dの部屋は304号室である。

5 Eの部屋は105号室である。

➡解答・解説は別冊P.029

問題 2

国家一般職（2019 年度）

図のような16の部屋から成る4階建てのワンルームマンションがある。A～Hの8人がいずれかの部屋に1人ずつ住んでおり、A～Hの8人が住んでいる部屋以外は空室である。また、各階とも東側から西側に向かって1号室、2号室、3号室、4号室の部屋番号である。このワンルームマンションについて次のことがわかっているとき、確実にいえるものはどれか。

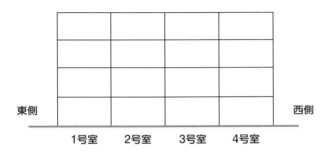

○ Aは1階の1号室に住んでいる。また、他の階で1号室に住んでいるのは、Hのみである。
○ Bは2階に住んでいる。また、Bの隣の部屋は両方とも空室である。
○ Cは、Dの一つ真下の部屋に住んでおり、かつEの一つ真上の部屋に住んでいる。また、Eの隣の部屋にはGが住んでいる。
○ Fは2号室に住んでおり、Cより上の階に住んでいる。
○ F、G、Hの3人はそれぞれ異なる階に住んでいる。

1 BとCは異なる階に住んでいる。
2 DとFは同じ階に住んでいる。
3 Hの隣の部屋は空室である。
4 1階に住んでいるのは2人である。
5 すべての部屋が空室である階がある。

➡解答・解説は別冊P.030

問題3

警察官Ⅰ類（2021年度）

図のような待合室で、A～Jの客10人が、①～⑩の座席に1人ずつ、テレビのある方向を向いて座っている。次のア～オのことがわかっているとき、確実にいえることとして、最も妥当なものはどれか。

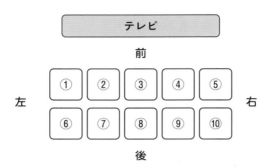

ア　AとIは隣同士に座っている。
イ　CはDの真後ろの座席の隣に座っている。
ウ　DとGは隣同士で、かつDとGを間に挟みこむ形でその両隣にBとIが座っている。
エ　Eの両隣にはJとCが座っている。
オ　FはAの真後ろの座席の隣に座っている。

1　①にはAが座っている。
2　③にはGが座っている。
3　⑤にはBが座っている。
4　⑧にはCが座っている。
5　⑩にはHが座っている。

➡解答・解説は別冊P.031

問題 4

図のように家具等（タンス、戸棚、洗濯桶、ベッド、テーブル、柱時計、暖炉）が配置されている2部屋から成る家で、7匹の子ヤギの兄弟が暮らしている。ある日、この家にオオカミがやって来たので、7匹の子ヤギの兄弟は家具等に隠れたが、うち6匹はオオカミに見付かってしまった。次のことがわかっているとき、確実にいえるものはどれか。ただし、家具等一つにつき子ヤギは1匹しか隠れることができないものとする。

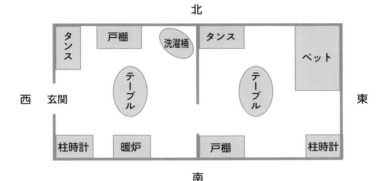

- 2部屋に共通して置かれている家具等のそれぞれについて、一方の部屋の家具等に子ヤギが隠れている場合は、もう一方の部屋の家具等に子ヤギは隠れていなかった。
- 長男は、テーブルの下に隠れた。
- 次男は、東側の部屋で隠れた。
- 三男と四男は、それぞれ別の部屋で隠れた。
- 五男は、テーブルよりも南側にある家具等に隠れた。
- 末っ子は、柱時計に隠れており、オオカミには見付からなかった。
- オオカミは、西側の部屋で4匹の子ヤギを、東側の部屋で2匹の子ヤギを見付けた。

1　長男は、東側の部屋のテーブルの下に隠れた。
2　次男は、東側の部屋のタンスに隠れた。
3　三男は東側の部屋で、四男は西側の部屋で、それぞれ隠れた。
4　五男は、西側の部屋の暖炉に隠れた。
5　末っ子は、西側の部屋の柱時計に隠れた。

→解答・解説は別冊 P.031

問題 5

国家専門職（2020年度）

図のように、エリアA～Hが歩道（図の灰色部分）を挟んでそれぞれ向かい合うように配置されている動物園があり、A～Hの全てのエリアに互いに異なる動物が1種類ずついる。Pは、この動物園に午前に入場し、時計回りで一周して正午に退場した。Qは、この動物園に午後に入場し、歩道を反時計回りで半周したところでカフェで休憩した。Qは、夕方になってからカフェを出て、歩道の残りを半周して退場した。次のことが分かっているとき、確実にいえるのはどれか。

ただし、動物のうち何種かは夜行性であり、夕方から閉園までの間には必ず見ることができるが、それ以外の時間には見ることができない。また、夜行性ではない動物はいつでも必ず見ることができる。

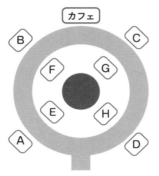

入退場ゲート

○ Pが見た動物はアルパカ、キリン、クジャク、シマウマ、チーターの5種であり、Pは退場する直前に、右手にチーター、左手にクジャクを見た。また、他のエリアについては、歩道を挟んで向かい合ったエリアのうち片方のエリアの動物しか見られなかった。

○ Qが見た動物はアルパカ、キリン、クジャク、シマウマ、チーター、フクロウ、ムササビの7種であり、Qはカフェを出て歩道を歩き始めてすぐに、右手にムササビ、左手にアルパカを見た。

○ 池側のエリアにいる動物のうち2種は夜行性であった。

1 Aのエリアにはシマウマがいる。
2 Eのエリアにはフクロウがいる。
3 Gのエリアには夜行性ではない動物がいる。
4 A、D、E、Hのエリアにいる動物のうち2種は夜行性である。
5 もしQが同様の行動を時計回りでとったとしても、見ることができた動物は全部で7種である。

→解答・解説は別冊 P.032

問題6

次の図のように9棟の建物が並んで建っており、建物の高さには2階建て、4階建て、8階建てがある。今、地上の4方向から建物を眺めたところ、次のア～エのように見えたとき、確実にいえるのはどれか。

ア Aからは、2階建てが2棟、4階建てが1棟、8階建てが3棟見える。
イ Bからは、4階建てが2棟、8階建てが2棟見える。
ウ Cからは、8階建てが3棟見える。
エ Dからは、2階建てと4階建てが1棟、8階建てが2棟見える。

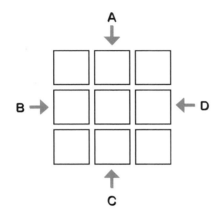

1 2階建ては3棟である。
2 2階建てと4階建ては同じ棟数である。
3 中央に建っているのは4階建てである。
4 4階建ては2棟である。
5 8階建ては5棟である。

➡解答・解説は別冊P.033

問題7

国家一般職（2021年度）

第1ビル～第9ビルの九つのビルが立ち並ぶビル街を、A、B、Cの3人がそれぞれ北駅、東駅、南駅のいずれかを出発点として歩いた。ビルが図のア～ケのように並んでいるとすると、3人の次の発言から確実にいえることとして最も妥当なものはどれか。

A　まず、第4ビルと第6ビルの間を進み、二つ目の交差点を右折すると、通り沿いの右側に第8ビルがあった。

B　まず、第3ビルと第5ビルの間を進んだ。一つ目の交差点を右折し、次の交差点を左折すると、通り沿いの右側に第6ビルがあった。

C　まず、ビルとビルの間をまっすぐ進み、二つ目の交差点を右折すると、第1ビルに面した通りに出た。

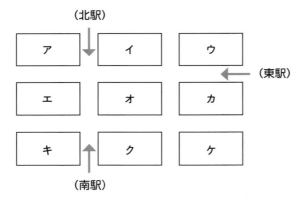

1　アは第2ビルである。
2　イは第8ビルである。
3　エは第6ビルである。
4　キは第3ビルである。
5　ケは第1ビルである。

➡解答・解説は別冊P.034

問題8

図Ⅰに示す座席配置の乗用車に乗って、A～Fの6人が行楽地に移動した。運転席に座ったのはA、Bの2人のみであった。移動途中にパーキングエリアで一度休憩をして、その際に運転席を含む席を何人かが交代した。休憩前と休憩後の6人の座った位置について次のことが分かっているとき、確実にいえることとして最も妥当なものはどれか。

ただし、前後の席及び隣の席とは、図Ⅱに示すとおりとする。

［休憩前］
・Cの前にBが座っていた。
・Eの前にFが座っていた。
［休憩後］
・Aは3列目の真ん中に座っていた。
・Dの隣にFが座っていた。
・2人が休憩前と同じ席に座っていた。

図Ⅰ

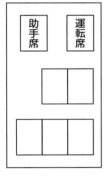

図Ⅱ

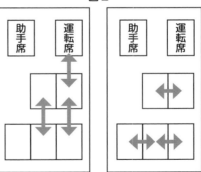

1　休憩前には、Dは3列目に座っていた。
2　休憩後には、CはAの隣に座っていた。
3　休憩前も休憩後も助手席に座った者はいなかった。
4　休憩前も休憩後も同じ席に座っていた2人は、CとEである。
5　休憩前も休憩後も同じ席に座っていた2人のうちの1人は、Fである。

➡解答・解説は別冊P.035

問題 9

特別区Ⅰ類（2020 年度）

次の図のように、円卓の周りに黒い椅子4脚と白い椅子4脚がある。今、A〜Hの8人の座る位置について、次のア〜エのことが分かっているとき、確実にいえるのはどれか。

ア　Aから見て、Aの右隣の椅子にDが座っている。
イ　Bから見て、Bの右隣の椅子にGが座り、Bの左隣は黒い椅子である。
ウ　Cから見て、Cの右側の1人おいた隣の椅子にEが座っている。
エ　Dから見て、Dの右隣の椅子にFが座り、Dの両側は白い椅子である。

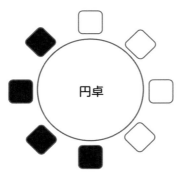

1　Aから見て、Aの左隣の椅子にEが座っている。
2　Cから見て、Cの左隣の椅子にHが座っている。
3　Eは、黒い椅子に座っている。
4　Gは、白い椅子に座っている。
5　Hは、白い椅子に座っている。

➡解答・解説は別冊 P.036

問題 10

国家一般職（2022年度）

図のようにA〜Iの9人が中心を向いて円形に並び、次の①、②の順序でサッカーボールのパスをした。

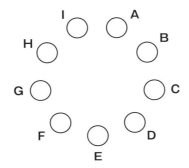

① B、E、Hの3人でパスをした。まず、Bが、E又はHへボールをパスし、ボールを受け取ったE又はHは残りの1人へパスし、それを受け取った者はBへパスした。
② B、E、H以外の6人でパスをした。Bの右隣に位置するAが最初にパスし、A以外の5人が1回ずつボールを受け取った後、最後にAがボールを受け取った。
パスした相手について次のことが分かっているとき、確実にいえることとして最も妥当なものはどれか。

○ ①においてBからボールを受け取った者の右隣は、②においてAへパスした者であった。
○ ②において、Aからボールを受け取った者とAへパスした者は、隣どうしであった。
○ ②において、パスした者とボールを受け取った者は、常に、左右どちらについても2人分以上間隔が空いていた。（例えば、AがB、C、I、Hへパスしたということはなかった。）

1 Cは、Gへパスした。
2 Dは、Aへパスした。
3 Eは、Hへパスした。
4 Fは、Cへパスした。
5 Gは、Dへパスした。

➡解答・解説は別冊 P.037

問題11

警察官Ⅰ類（2022年度）

以下に示すのはある建物の1つのフロアの見取り図で、①〜⑪と書かれた正方形がフロア内の1室を表している。A〜Fの6人がいずれかの部屋に1人ずつ住み、それ以外は空室となっている。次のア〜カのことがわかっているとき、確実に言えることとして、最も妥当なものはどれか。

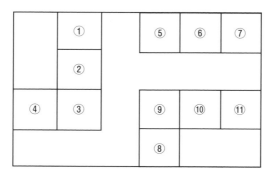

北

ア　Aの隣室は2部屋とも空室である。
イ　Bの居室はAの居室の真西にある。
ウ　Cの居室はEの居室の真向かいである。
エ　Dの居室の真東と真西には部屋がない。
オ　Eの居室は他の5人の居室よりも北にある。
カ　Fの隣室は2部屋とも居住者がいる。

1　Aの真向かいにEが住んでいる。
2　BはCの隣に住んでいる。
3　Dの居室は他の5人の居室よりも南にある。
4　Eの隣の住人はFである。
5　Fの隣の住人はB、Dである。

➡解答・解説は別冊P.037

問題 12

特別区Ⅰ類（2022 年度）

ある地域における、区役所、図書館、警察署、税務署、駅、学校の6つの施設の位置関係について、次のア〜オのことが分かっているとき、確実にいえるのはどれか。

ア　区役所は、図書館の真西で駅の真南に位置する。
イ　税務署は、警察署の真西で図書館の真南に位置する。
ウ　学校は、図書館の真東に位置する。
エ　図書館から警察署までの距離は、図書館から区役所までの距離より短い。
オ　学校から図書館までの距離と、警察署から税務署までの距離、駅から区役所までの距離は、それぞれ同じである。

1　区役所から図書館までの距離は、区役所から税務署までの距離より長い。
2　区役所から一番遠くにある施設は、税務署である。
3　区役所から図書館までの距離は、税務署から警察署までの距離の1.4倍より長い。
4　図書館から一番遠くにある施設は、駅である。
5　図書館から一番近くにある施設は、税務署である。

➡**解答・解説は別冊 P.038**

問題 13

警察官Ⅰ類（2019 年度）

A〜Fの6人の家の位置関係について以下のことがわかっているとき、確実にいえることとして、最も妥当なものはどれか。

・　Aの家はDの家の南西にある。
・　Bの家はAの家の真東にある。
・　Bの家はCの家の北東にある。
・　Dの家はBの家の北西にある。
・　Eの家はDの家の真北にある。
・　Fの家はEの家の真東にある。
・　AD間の家の距離とEF間の家の距離は等しい

1　Aの家はCの家の北西にある。
2　Cの家はDの家の真南にある。
3　BD間の家の距離とDE間の家の距離は等しい。
4　6人の家の中ではCの家が最も西にある。
5　6人の家の中ではFの家が最も東にある。

➡**解答・解説は別冊 P.039**

STEP 1 要点を覚えよう！

POINT 1 順位表

与えられた条件をもとに場合分けして、表にまとめて整理するとよい。

> **例題** A～Eの5人がマラソンをした。このとき、折り返し地点の近くでは、次のような状況であった。
>
> **ア** Aは2人目にBとすれ違った。
> **イ** Cは3人目にAとすれ違った。
> **ウ** DはBの次に折り返した。
> 折返し地点近くでは順位の変動はなかったとする。このとき、確実にいえるものは次のうちどれか。
>
> **1** Aは4位で折り返した。
> **2** Bは1位で折り返した。
> **3** Cは4位で折り返した。
> **4** Dは2位で折り返した。
> **5** Eは4位で折り返した。

ウより、**B**と**D**の折り返した順番はわかっているので、例えばイより、**CとA**
の順位関係を場合分けしてみる。

Cが**1位**で折り返したとき、3人目にすれ違うAは**4位**である。

Cが**2位**で折り返したとき、1人目にすれ違うのは1位の人で、3人目にすれ違うAは**4位**だが、BとDが続いて折り返すことができないので、これは成り立たない。

Cが**3位**で折り返したとき、1人目、2人目にすれ違うのは1位、2位の人で、3人目にすれ違うAは**4位**である。

Cが**4位**、**5位**のとき、Aのほうが先に折り返して、3人目にすれ違うAは**3位**である。

ここで、ウより、BとDは続いて折り返しているから、それを加味して表にする。

	1位	2位	3位	4位	5位
①	C	B	D	A	E
②	B	D	C	A	E
③	B	D	A	C	E
④	B	D	A	E	C

アより、Aは**2人目にBとすれ違った**から、その条件を満たすのは、①しかない。
したがって、確実にいえるものは、1の「**Aは4位で折り返した。**」である。

POINT 2 　数直線で表す

タイム差や得点差などの数値の差にもとづいて順位を判断する場合は、**最も差が大きいものを基準**にして、数直線で表してみる。

> **例題** 　A～Dの4人が書き取りのテストを受けて、次のア～オのことがわかっているとき、2番目に得点が高かったのはだれか。
> **ア** 　AとDは10点差だった。
> **イ** 　AとCは8点差だった。
> **ウ** 　BとDは7点差だった。
> **エ** 　BとCは5点差だった。
> **オ** 　CはDよりも得点が高かった。

最も差が大きいものを基準にして、数直線上で順位を判断する場合は、まず、最大の数値差とその他の数値差の合計との差を出してみる。

最も差が大きいのは、アの**10点差**である。ア以外の得点差の合計は8＋7＋5＝**20点**であり、アとの差は、20－10＝**10点**である。一般に、足し算において、ある数値の符号を＋から－に変えると、和はその数値の**2倍減る**から、数直線上に表すためには、10点の半分の**5点をマイナス**にしなければならない。5点差なのは、エのBとCだから、図に表すと以下のとおりとなる。

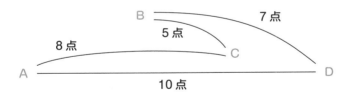

これを数直線で表すと、以下のとおりとなる。ただし、一目盛りは1点で、オより、左の方が得点が高い。

したがって、2番目に得点が高いのは**B**である。

要は、条件に合う数直線になるように折り返すものを見つけるんだね。

1 A〜Fの6人が、折り返し地点で同じコースを戻るマラソン競争をしているとき、Aが折り返し地点の前で2人目にEとすれ違ってから折り返す場合、Aが先頭を走っているのでないとすれば、その時点でAは何位か。

3位 Aは、折り返してきたトップ走者と2番目のEとすれ違ったのだから、**3位**である。

2 A〜Fの6人が、折り返し地点で同じコースを戻るマラソン競争をしているとき、Aは先頭を走って4人目にBとすれ違った場合、Aのすぐ後にだれも走っていなかったとすれば、Bはその時点で何位か。

5位 Bは、先頭のAから遅れて4人目なので、**5位**である。

3 A〜Dの4人がハードル走を行った。A、B、Dが次のように発言しているとき、Aは何位でゴールしたか。
A Bには1回抜かれて、1回抜き返した。
B Cに抜かれることはなく、Cより先にゴールした。
D スタートで出遅れて最下位だったが、その後2人を追い抜いた。

1位 スタート時点で最下位だったDは、AとBの発言内容から、Cと、Aに抜き返されたBをさらに追い抜いたと考えられる。したがって、Aは**1位**でゴールした。

4 A〜Dの4人が、自由形と平泳ぎのメドレーで水泳の順位を競った。Aの順位は自由形のときはBより順位が2つ上だったが、平泳ぎで1人に抜かれて3位でゴールした。このとき、Bの自由形の順位は何位か。

4位 Aは、平泳ぎで1人に抜かれて3位でゴールしたので、自由形の順位は**2位**だった。Bの自由形の順位は、それより順位が2つ下だから、**4位**である。

5 A〜Cの3人が、図書館でそれぞれ本を読んだ。Bは、Aが読み始めてから5分後に読み始め、Cは、Bが読み始めてから10分後に読み始めた。また、Cは、読み始めてから15分後に読み終わり、その10分後にAが読み終えた。このとき、Aは何分間本を読んでいたか。

40分間 Cが本を読んでいた時間は**15分**である。Aは、Cが読み始める15分前に読み始め、Cが読み終わってから10分後に読み終えたから、Aが本を読んでいた時間は、15 + 15 + 10 = **40分間**。

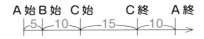

A 始 B 始　C 始　　　C 終　　　A 終

6 A〜Dの4人が数学のテストを受けた。次のア〜エのことがわかっているとき、4人の平均点は何点か。ただし、100点満点である。
ア　Aは85点だった。
イ　AとBの得点差は20点だった。
ウ　CとBの得点差は15点で、Cは最低点ではなかった。
エ　Dは最低点の者より5点、得点が高かった。

75点　100点満点なので、BはAより得点が20点低く、**65点**である。ウとエより、CとDは、最低点ではない。ウより、CはBより15点得点が高く、**80点**である。エより、Dは、Bより得点が5点高かったので、**70点**である。(85 + 65 + 80 + 70) ÷ 4 = **75点**。

7 A〜Dの4人が体重測定を行った。次のア〜エのことがわかっているとき、体重が2番目に重いのはだれか。
ア　AとBは4kg差だった。
イ　AとCは8kg差だった。
ウ　BとDは6kg差だった。
エ　CとDは2kg差で、Cの方が重かった。

B　最も体重差が大きいイの**8kg**を基準とすると、それ以外の体重差の合計4 + 6 + 2 = 12との差、12 − 8 = 4の半分（**2kg**）がマイナスとなる。それに当たるのは**エ**で、DよりCの方が重いので、2番目に重いのは**B**である。

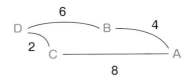

STEP3　過去問にチャレンジ！

問題1

裁判所職員（2018年度）

A～Dの4人は水泳の選手で、自由形と平泳ぎの2種目で順位を争った。

ア　自由形も平泳ぎも1位から4位までの順位がついた（同種目において、同順位の者はいない。）。
イ　Aの自由形の順位はBより2位上で、平泳ぎで2位だった者よりも上位だった。
ウ　Dの平泳ぎの順位はCより1位上で、自由形で2位だった者よりも2位上だった。
エ　自由形、平泳ぎともに4位だった者はいない。

以上のことがわかっているとき、確実に言えるものはどれか。

1　2種目ともに1位だった者がいる。
2　2種目のうち一方が1位で他方が4位の者がいる。
3　Bは自由形で3位だった。
4　自由形のDの順位はAより1位上だった。
5　平泳ぎのCの順位はBより1位下だった。

➡解答・解説は別冊P.040

問題2

東京都Ⅰ類（2018年度）

A～Eの五つの部からなる営業所で、7～9月の各部の売上高について調べ、売上高の多い順に1位から5位まで順位をつけたところ、次のことが分かった。

ア　A部とB部の順位は、8月と9月のいずれも前月に比べて一つずつ上がった。
イ　B部の9月の順位は、C部の7月の順位と同じであった。
ウ　D部の8月の順位は、D部の7月の順位より二つ下がった。
エ　D部の順位は、E部の順位より常に上であった。
オ　E部の順位は、5位が2回あった。

以上から判断して、C部の9月の順位として、確実にいえるのはどれか。ただし、各月とも同じ順位の部はなかった。

1　1位　　　2　2位　　　3　3位
4　4位　　　5　5位

➡解答・解説は別冊P.040

問題3

国家一般職（2021年度）

A～Eの5人で、短距離走とハードル走から成るレースを行った。この一連のレースの短距離走の部分とハードル走の部分について、A～Eが次の発言をしているとき、Aの最終順位とCの短距離走を終えたときの順位の和はいくらか。

ただし、レースは短距離走、ハードル走の順で連続して行うものとし、短距離走とハードル走を終えるとき、それぞれ同着はなく、途中で棄権することはないものとする。

A　ハードル走の間、Bには1回だけ抜かれたが、1回抜き返した。

B　ハードル走の間、3人のランナーを抜いたが、2人のランナーに抜かれた。

C　ハードル走の間、1回だけ順位が変わったが、1位になることはなかった。

D　先頭で短距離走を終えたが、ハードル走で転んで一気に最下位になり、そのままゴールした。

E　ハードル走の間、常にAより前を走っていた。

1　3
2　4
3　5
4　6
5　7

→解答・解説は別冊P.041

問題4

裁判所職員（2021年度）

A、B、C、D、E、Fの6人が折り返し地点で同じコースを引き返すマラソン競走をした。6人は異なる順で折り返し地点を折り返し、その後の順位変動はなかった。折り返しの状況について、次のア～オのことがわかっているとき、確実にいえるものはどれか。

ア　Aは4人目にFとすれ違った。
イ　Bは5人目にDとすれ違った。
ウ　Cは2人目にEとすれ違った。
エ　Eは2位ではなかった。
オ　BとCの順位は連続していなかった。

1　Aは1位であった。
2　Bは2位であった。
3　CはAより遅く、Bより早くゴールした。
4　Dは5位であった。
5　EはCより遅く、Bより早くゴールした。

➡解答・解説は別冊P.042

問題5

国家専門職（2020年度）

あるコンサートにはA～Eの5グループが順番に出演することになっていたが、直前になって出演順が変更となった。各グループの出演順について次のことが分かっているとき、確実にいえるのはどれか。

○ Aの出演順は、変更前後で同じであった。
○ Bの変更後の出演順は、変更前より遅くなった。
○ Cの変更後の出演順は、Aの直前であった。
○ Dの変更後の出演順は、4番目以降であった。
○ Eの出演順は、変更前はAの直前であったが、変更後はAの直後であった。
○ 変更前に4番目に出演することになっていたグループは、1番目か2番目の出演となった。

1 Aの出演順は、4番目であった。
2 Bの変更前の出演順は、3番目であった。
3 Cの変更前の出演順は、1番目であった。
4 Dの変更後の出演順は、5番目であった。
5 Eの変更後の出演順は、2番目であった。

➡解答・解説は別冊P.043

問題6

国家一般職（2022年度）

ある動物病院で、受付に向かってA～Eの5人が縦一列に並んでいた。5人は赤、青、黒、白、茶のいずれかの色の服を着て、犬、猫、ウサギ、ハムスター、カメのいずれかの動物を連れていた。5人の並び順、服の色、連れていた動物について、A～Eがそれぞれ次のように発言しているとき、確実にいえることとして最も妥当なものはどれか。

なお、同じ色の服を着ていた者、同じ動物を連れていた者はいずれもいなかったものとし、受付にはA～Eのみが並んでいたものとする。

A 私のすぐ前に並んでいた人は犬を、すぐ後ろに並んでいた人は猫を連れていた。
B 私は一番前に並んでいた。私のすぐ後ろに並んでいた人は白い服を着ていた。
C 一番後ろに並んでいた人は赤い服を着ていた。私は黒い服を着ていた。
D 私のすぐ前に並んでいた人は青い服を着ていた。私はカメを連れていた。
E 私は一番後ろではなかった。

1 Aはハムスターを連れており、すぐ後ろにはCが並んでいた。
2 Bは青い服を着ており、犬を連れていた。
3 Cは前から三番目に並んでおり、猫を連れていた。
4 Dのすぐ前にはEが並んでおり、Eはウサギを連れていた。
5 Eは茶色の服を着ており、Eの2人前にはAが並んでいた。

→解答・解説は別冊P.044

問題 7

A〜Fの6人は、図書館でそれぞれ1冊の本を読んだ。AとDは同時に本を読み始め、その10分後にBとEが同時に本を読み始め、さらに、その10分後にCとFが同時に本を読み始めた。次のことが分かっているとき、A〜Fがそれぞれ本を読み始めてから読み終わるまでに要した時間について確実にいえるのはどれか。ただし、6人とも、本を読み始めてから読み終わるまで、本を読むことを中断することはなかったものとする。

○ AとEが本を読み始めてから読み終わるまでに要した時間は、同じであった。
○ Bが本を読み始めてから読み終わるまでに要した時間は、Eのそれよりも4分短かった。
○ Cは、Bよりも先に本を読み終わり、Aよりも後に本を読み終わった。
○ Dは、Bが本を読み終わって1分後に本を読み終わった。
○ Eは、Fが本を読み終わって4分後に本を読み終わった。

1 Aは、6人の中で3番目に短かった。
2 Bは、6人の中で2番目に短かった。
3 Cは、6人の中で最も短かった。
4 Dは、6人の中で4番目に短かった。
5 Fは、6人の中で3番目に短かった。

➡解答・解説は別冊 P.044

問題8

特別区Ⅰ類（2018年度）

A～Fの6人の体重について、次のア～オのことが分かっているとき、確実にいえるのはどれか。

ア　Aより体重が重いのは2人である。
イ　AはEより2kg軽い。
ウ　BはEと4kg違うが、Aより重い。
エ　CとDは3kg違う。
オ　CはFより7kg重く、Eとは4kg違う。

1　AはDより7kg以上重い。
2　BはFより10kg以上重い。
3　CはEより2kg以上重い。
4　DはFより10kg以上軽い。
5　EはDより7kg以上軽い。

→解答・解説は別冊P.045

問題9

裁判所職員（2021年度）

A、B、C、D、Eの5人のテストの結果について次のア～キのことがわかっている。このときのBの得点として正しいものはどれか。ただし、テストは100点満点だったとする。

ア　AとBは4点差だった。
イ　AとCは5点差だった。
ウ　BとEは3点差だった。
エ　CとDは7点差だった。
オ　DとEは3点差だった。
カ　AはEよりも得点が高かった。
キ　5人の平均点は71.4点だった。

1　67点
2　68点
3　69点
4　70点
5　71点

→解答・解説は別冊P.046

問題 10

警察官Ⅰ類（2022年度）

A～Fの6人で5km走を行い、そのタイム差について次のア～カのことがわかっている。このときゴールをした順位が3位であった者として、最も妥当なものはどれか。

ア　AとBは4分差であった。
イ　AとFは6分差であった。
ウ　BとDは6分差であった。
エ　CとEは10分差であった。
オ　EはFより13分遅かった。
カ　DとCは5分差であった。

1　A
2　B
3　C
4　D
5　E

➡解答・解説は別冊P.047

問題 11

特別区Ⅰ類（2020年度）

A～Fの6人がマラソン競走をした。今、ゴールでのタイム差について、次のア～カのことが分かっているとき、EとFの着順の組み合わせはどれか。ただし、Aのタイムは6人の平均タイムより速かったものとする。

ア　AとCのタイム差は3分であった。
イ　BとDのタイム差は6分であった。
ウ　CとEのタイム差は18分であった。
エ　DとEのタイム差は27分であった。
オ　AとFのタイム差は6分であった。
カ　BとFのタイム差は12分であった。

	E	F
1	1位	2位
2	1位	3位
3	1位	4位
4	6位	2位
5	6位	3位

➡解答・解説は別冊P.048

4 リーグ戦

STEP 1 要点を覚えよう！

POINT 1 勝敗表

リーグ戦（総当たり戦）では、自分以外全員と対戦するため、行われる試合数は決まっている。与えられた条件にもとづいて、対戦結果を**勝敗表**にまとめる。勝敗表は、リーグ戦に参加したチームや人などを**縦**に、対戦相手を**横**に並べて、勝ち（○）と負け（×）を対応するように記入する。引き分けは△で表す。

	A	B	C	D
A		○	×	△
B	×		△	○
C	○	△		×
D	△	×	○	

《読み方》Aは、Bに**勝って**、Cに**負け**、Dと**引き分けた**。

POINT 2 場合分け

与えられた条件からは、対戦結果がわからない場合がある。そのときは、**場合分け**をして、いくつかの可能性を想定してみる。

例題 A、B、C、D、E、Fの6チームがサッカーの試合をリーグ戦で行った。その結果について、次のア～オのことがわかっているとき、確実にいえるのはどれか。

ア Aは3勝した。
イ Bは5勝した。
ウ Cは4勝した。
エ Eは1勝3敗1引き分けであった。
オ Fは1勝しかできなかった。

1 DはEに負けた。
2 AはCに勝った。
3 Dは全敗した。
4 EはFに勝った。
5 FはDに勝った。

与えられた条件から、勝敗表をつくってみる。

	A	B	C	D	E	F	勝敗数
A		×	×	○	○	○	3勝2敗
B	○		○	○	○	○	5勝
C	○	×		○	○	○	4勝1敗
D	×	×	×				
E	×	×	×				1勝3敗1引き分け
F	×	×	×				1勝

確定していないD、E、Fについて**場合分け**してみる。

EがDに勝ってFと引き分けた場合

	A	B	C	D	E	F	勝敗数
D	×	×	×		×	×	5敗
E	×	×	×	○		△	1勝3敗1引き分け
F	×	×	×	○	△		1勝3敗1引き分け

EがDと引き分けてFに勝った場合

	A	B	C	D	E	F	勝敗数
D	×	×	×		△	×	4敗1引き分け
E	×	×	×	△		○	1勝3敗1引き分け
F	×	×	×	○	×		1勝4敗

したがって、確実にいえることは、5の「**FはDに勝った。**」である。

ここで動きめる！▶ 確定できるものに着目

対戦表をつくる場合は、**確定できるものが多い条件**に着目する。上記例題の場合、Bは**5戦全勝**なので、Bを埋めると、順番に4勝のC、3勝のAが確定する。確定できないものについては、場合分けをして考える。

POINT 3 総試合数

各1試合ずつで行われるリーグ戦の総試合数は、全参加人数から2人を選んで試合をする組合せなので、参加人数（チーム数）をnとおくと、次の式で求められる。

$$総試合数 = {}_nC_2 = \frac{n(n-1)}{2}$$

例 参加人数6人の1試合ずつのリーグ戦の総試合数は、$\frac{6(6-1)}{2} = 15$ 試合である。

1 A～Dの4チームが、野球のリーグ戦を行った。次のア～エのことがわかっているとき、優勝したチームはどれか。

ア Aは、BとCに勝った。
イ Bは、Cと引き分けた。
ウ Cは、Bと同じ順位だった。
エ Dは、AとCに勝った。

D Aは、**2勝1敗**である。BとCは、同順位で、Cが2敗しているから、**2敗1引き分け**である。エより、Dは、AとCに勝ち、ウより、Bにも勝っているから、**3勝**して優勝した。

	A	B	C	D
A	╲	○	○	×
B	×	╲	△	×
C	×	△	╲	×
D	○	○	○	╲

2 A～Eの5人が、卓球のリーグ戦を行った。次のア～カのことがわかっているとき、優勝したのはだれか。

ア Aは、CとDに勝った。
イ Bは、AとCに勝った。
ウ Cは、Dに勝った。
エ Dは、BとEに勝った。
オ Eは、AとBに勝った。
カ 優勝者は3勝した。

E Aは、CとDに勝って、BとEに負け、**2勝2敗**である。Bは、AとCに勝ち、DとEに負け、**2勝2敗**である。Cは、AとBに負け、Dには勝ったが、最大でも**2勝**である。Dは、BとEに勝って、AとCに負け、**2勝2敗**である。したがって、AとBに勝ち、Dに負けている**E**が、Cにも勝って優勝した。

	A	B	C	D	E
A	╲	×	○	○	×
B	○	╲	○	×	×
C	×	×	╲	○	×
D	×	○	×	╲	○
E	○	○	○	×	╲

3 A～Fの6人が、テニスのリーグ戦を行い、試合後に、各人が次のように発言した。

A 「私は、3勝2敗だった。」

B 「私は、Cと引き分けた。」

C 「私は、Dに勝ったが、Eには負けた。」

D 「私は、BとFに勝って、2勝3敗だった。」

E 「私は、Bに負けて、4勝して優勝した。」

F 「私は、Aに勝ったが、あとは負けた。」

このとき、引き分けは1試合のみであったとすると、Bは何勝したか。

2勝 Bは、Cと引き分け、EとFに勝って、Dに負けている。Aは、EとFに負けたので、B、C、Dには勝っている。したがって、Bは、**2勝2敗1引き分け**である。

	A	B	C	D	E	F
A		○	○	○	×	×
B	×		△	×	○	○
C	×	△			×	○
D	×	○	×		×	○
E	○	×	○	○		○
F	○	×	×	×	×	

---

4 A～Eの5チームが、バスケットボールのリーグ戦を行った。次のア～エのことがわかっているとき、AチームがDチームに勝って3勝1敗で優勝したならば、BチームのCチームに対する勝敗はいずれか。ただし、優勝したのは1チームのみで、引き分けはない。

ア Aは、BとCに勝った。

イ Bは、DとEに勝った。

ウ Cは、AとDに負けた。

エ Dは、CとEに勝った。

敗戦 Bは、DとEに勝って、Aに負けているので、この時点で2勝1敗である。Aが3勝1敗で優勝しているので、BはCに**敗れ**ている。

	A	B	C	D	E
A		○	○	○	×
B	×		×	○	○
C	×	○		×	
D	×	×	○		
E	○	×		×	

問題 1

裁判所職員（2021年度）

A、B、C、D、Eの5チームが、各チームが1回ずつ対戦する総当たり戦方式で野球の試合を行った。次のア～エのことがわかっているとき、確実にいえるものはどれか。

ア　勝つと3点、引き分けは1点、負けると0点が与えられる。
イ　Aの得点は7点、Bの得点は6点、Eの得点は10点であった。
ウ　AとDは引き分けだった。
エ　引き分けた試合が2試合以上のチームはなかった。

1　BはCに負けた。
2　CはEと引き分けた。
3　DはCに勝った。
4　AはEに勝った。
5　EはDと引き分けた。

➡解答・解説は別冊P.050

問題 2

警察官Ⅰ類（2018年度）

A～Fの6人が総当たり戦でテニスの試合を行った。各人とも毎日1試合行い、5日間で全試合が終了した。次のことが分かっているとき、Fが1日目に対戦した相手として、最も妥当なものはどれか。

・AとBは3日目に対戦した。
・BとEは2日目に対戦した。
・CとDは4日目に対戦した。
・DとEは5日目に対戦した。

1　A
2　B
3　C
4　D
5　E

➡解答・解説は別冊P.050

問題3

消防官Ⅰ類（2021年度）

A～Fの6人がテニスのリーグ戦を行い、試合後に、各人が次のように話していた。このとき、確実にいえることとして、最も妥当なものはどれか。

A 「私は3勝2敗だった。全試合を通じて引き分けは2回のみであった。」
B 「私はDと引き分けた。」
C 「私はBに勝ったが、負け数が勝ち数よりも多かった。」
D 「私はEに勝った。」
F 「私はCに負けた以外は全員に勝った。1勝もしていない者はいなかった。」

1 AはBに勝った。
2 DはAに勝った。
3 Cは1勝した。
4 EはAに勝った。
5 Bは2回引き分けた。

→解答・解説は別冊P.051

問題4

特別区Ⅰ類（2021年度）

A～Dの4チームが、野球の試合を総当たり戦で2回行った。今、2回の総当たり戦の結果について、次のア～オのことが分かっているとき、確実にいえるのはどれか。

ア AがCと対戦した結果は、2試合とも同じであった。
イ Bが勝った試合はなかった。
ウ Cが勝った試合は、4試合以上であった。
エ DがAに勝った試合はなかった。
オ 各チームの引き分けた試合は、Aが2試合、Bが2試合、Cが1試合、Dが1試合であった。

1 Aが勝った試合は、1試合であった。
2 Bは、Cとの対戦で2試合とも負けた。
3 Cは、Dとの対戦で少なくとも1試合負けた。
4 Dが勝った試合は、3試合であった。
5 同じチームに2試合とも勝ったのは、2チーム以上であった。

→解答・解説は別冊P.052

問題5

警察官Ⅰ類（2022年度）

A ～ Eの5人が卓球のリーグ戦を行った。AはCとDに勝利、BはEに勝利、CはD
とEに敗北、EはA、Dに勝利しているとき、確実に言えることとして、最も妥当
なものはどれか。ただし、勝利数が最少のものは2人いた。

1 Bは単独最多勝者である。
2 BがAに勝利しているならば、DはBに勝利している。
3 DがBに勝利しているならば、AがBに勝利している。
4 DがBに勝利しているならば、BがAに勝利している。
5 Eは単独最多勝者である。

➡解答・解説は別冊P.053

問題6

東京都Ⅰ類（2020年度）

A ～ Fの6チームが、総当たり戦で野球の試合を行い、勝数の多い順に順位をつけ
たところ、次のことが分かった。

ア Aチームは、Bチームに勝ったがCチームに負け、3勝2敗であった。
イ Bチームは、EチームとFチームに負けた。
ウ Cチームは、最下位のチームに負け、3勝2敗であった。
エ Dチームは、Aチームに負けたがBチームとFチームに勝った。
オ Eチームは、Cチームに勝ち、4勝1敗であった。
カ Fチームは、最下位のチームよりも勝数が1勝だけ多かった。
キ 引き分けの試合はなかった。

以上から判断して、確実にいえるのはどれか。

1 Aチームは、Eチームに勝った。
2 Bチームは、Cチームに負けた。
3 Cチームは、Dチームに負けた。
4 Dチームは、Eチームに負けた。
5 Eチームは、Fチームに勝った。

➡解答・解説は別冊P.054

問題 7

警察官Ⅰ類（2013 年度）

A、B、C、Dの4チームで1試合ずつの総当たり戦の試合を行い、勝率の最も高いチームが優勝となる。試合結果は、勝ち、負け、引き分けのいずれかであり、勝率は（勝ち数）÷（勝ち数＋負け数）で計算し、引き分けは計算には入らない。次のことがわかっているとき、確実に言えるのはどれか。

ア　AはCにだけ勝った。
イ　Bは2敗した。
ウ　Cは1勝1敗1分だった。
エ　Dは1つも負けなかった。
オ　2試合引き分けしたチームが1つだけある。

1　2敗したチームが2つある。
2　2勝したチームはない。
3　勝率5割のチームはCだけである。
4　CはAより勝率が高い。
5　Dは2勝して優勝した。

→解答・解説は別冊 P.056

5 トーナメント戦

STEP 1 要点を覚えよう！

POINT 1 試合数

　トーナメント戦は勝ち抜き戦なので、1度負けたらそれで終わりとなり、先の試合に進めない。したがって、**試合数が多いものは勝ち進み、上位に進出している**ことがわかる。ただし、シード権があるものは、試合数が少なくても上位で戦う場合がある。

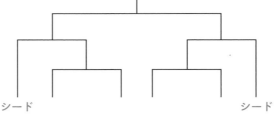

シード　　　　　　　　　　　　　　　　シード

ここで動きめる！ ▶ 負けるのは最後の試合

負けたら終わりなので、何試合したとしても必ず最後が負ける試合になる。ここから試合をするタイミングなどを推測していくことがある。なお、nチームのトーナメント戦の全試合数は$n-1$試合で求められることも覚えておくとよい。

POINT 2 トーナメント表

　対戦者（チーム）の数に応じて、対戦相手同士をピラミッド型の枝分かれした表に書き入れたものを**トーナメント表**という。勝ち進む人（チーム）は、赤色などで線をなぞって、上に向かって伸ばしていく。

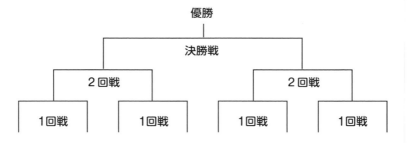

優勝

決勝戦

2回戦　　　　　　　　　　　　2回戦

1回戦　　　1回戦　　　　　1回戦　　　1回戦

POINT 3　　勝ち進み方を考える

　シード権がない問題であれば、全員が平等に1回戦目から対戦するので、勝ち進み方はどのように決めてもよい。適当に勝ち進み方を決めたら、条件からわかることをふまえて選手名（チーム名）を埋めていく。

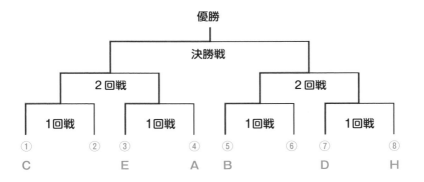

例　Cが優勝した→①に**C**と書き込む

　　Bは決勝戦まで勝ち進んだ→⑤に**B**と書き込む

　　DはHと対戦して2回戦まで勝ち進み、Bと対戦して敗退した→⑦に**D**、⑧に**H**と書き込む

　　AがEと対戦して1回戦で敗退した→③に**E**、④に**A**と書き込む

ここで動きめる！　対戦相手の確定

トーナメント表に対戦者名（チーム名）が一部しか書き込まれていない、または全く書き込まれていない場合は、与えられた条件から、対戦相手を確定していく。その際、**試合数や勝敗**に着目して、どこに何が入るかを推理していく。

POINT 4　　場合分けをする

　与えられた条件から対戦相手を推理しても、**どうしても確定できない場合**があるときは、**場合分け**して考える。特にシード権がある場合は、場合分けも多くなる。

例　上のトーナメント表で、FとGのどちらが②でどちらが⑥か、確定できない場合は、**それぞれの場合に分けて考える**。

　　　　　　　もちろん、確定しない内容が、問われている選択肢の内容と関係がないときは、場合分けをする必要はないよ。

1 A～Fの6人がトーナメント戦を行った。3人から次のような発言があったとき、確実にいえることはどれか。

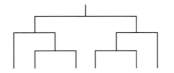

A 「私は、決勝戦でCに負けた。」
B 「私は、2回戦でAに負けた。」
D 「私は、私にとっての1試合目でCに負けた。」

1 AとEは対戦しなかった。
2 BとEは対戦しなかった。
3 CとFは対戦しなかった。
4 AとFは対戦しなかった。
5 EとFは対戦しなかった。

5 3人の発言から、トーナメント表をつくる。

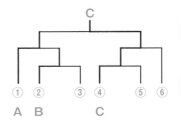

AとBの発言から、Aは①、Bは②とする。Dの発言から、Cはシード権がない。Dは、⑤か⑥だが、どちらかは確定できない。また、EとFは、一方が③、他方が⑤か⑥だが、確定できない。したがって、確実にいえることは、「EとFは対戦しなかった。」である。

....

2 A～Fの6人がトーナメント戦を行った結果、下図のようになった。ア～ウのことがわかっているとき、確実にいえることはどれか。

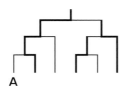

ア CはDに負けた。
イ DはEに負けた。
ウ AはEともFとも対戦しなかった。

3 ア、イから、DはCに勝った後、Eに負けた。ウから、Aと対戦したのは、EでもFでもないから、トーナメント表は次のようになる。

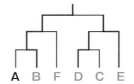

したがって、確実にいえることは、「Bは優勝した。」である。

1　FはDに勝った。
2　CはBに勝った。
3　Bは優勝した。
4　EはFに負けた。
5　Dは準優勝した。

3　A〜Fの6人が以下のようなトーナメント戦を行った。次のア〜エのことがわかっているとき、確実にいえることはどれか。

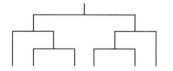

ア　AとEは、ともに最初の試合で負けた。
イ　Bは、C対Fの勝者に勝った。
ウ　2試合した人が優勝した。
エ　3試合した人は1人だけだった。

1　Bが優勝した。
2　Cは2試合した。
3　Fは3試合した。
4　Dは準優勝した。
5　Aは2回戦目から試合をした。

1　①を優勝として、ウ、エより以下のような勝ち進み方をすることがわかる。

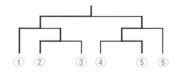

イのようにBがC対Fの勝者と試合するのは、C対Fの試合があった後なので、必ず2回戦以降である。2回戦以降でBが勝てる流れはBを①に置くしかない。したがって、Bが2試合で優勝する。また、C対Fの試合は②③で行われるか、⑤⑥で行われるかのどちらかである。
②③の場合、以下のようになり、AとEは④か⑥、残ったDは⑤となる。

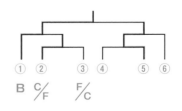

⑤⑥の場合、以下のようになり、AとEは③か④、残ったDは②となる。

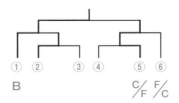

問題 1

特別区 I 類（2022 年度）

A〜Hの8チームが、次の図のようなトーナメント戦で野球の試合を行った。今、次のア〜オのことが分かっているとき、確実にいえるのはどれか。ただし、引き分けた試合はなかった。

ア　1回戦でBチームに勝ったチームは、優勝した。
イ　1回戦でAチームに勝ったチームは、2回戦でCチームに勝った。
ウ　1回戦でGチームに勝ったチームは、2回戦でFチームに負けた。
エ　Dチームは、Fチームに負けた。
オ　Eチームは、全部で2回の試合を行った。

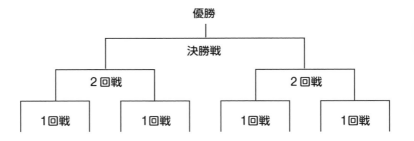

1　Aチームは、Dチームと対戦した。
2　Bチームは、Hチームと対戦した。
3　Cチームは、Gチームと対戦した。
4　Dチームは、Eチームと対戦した。
5　Fチームは、Hチームと対戦した。

➡解答・解説は別冊 P.057

問題2 国家専門職（2021年度）

A～Fの6チームによって図のようなバレーボールのトーナメント戦が行われた。その結果について、次のことが分かっているとき、確実にいえるものとして最も妥当なものはどれか。

○ 試合数が3回のチームは、1チームのみであった。
○ 優勝したチームの試合数は2回であった。
○ Aチームは、自身にとっての2試合目で負けた。
○ BチームとCチームは、どちらも最初の試合で負けた。
○ Dチームの初戦の相手はEチームであり、その試合はEチームにとっての2試合目であった。

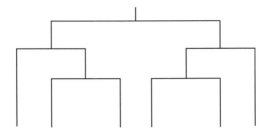

1 Aチームは、1試合目でCチームと対戦した。
2 Bチームは、1試合目でAチームと対戦した。
3 Dチームは、Bチームとも対戦し、優勝した。
4 Eチームは、Fチームとも対戦し、準優勝した。
5 Fチームは、Aチームとも対戦し、準優勝した。

➡解答・解説は別冊P.058

問題3

国家一般職（2020年度）

A～Jの10人は、将棋のトーナメント戦を行った。トーナメントの形式は図のとおりであり、空欄にはG～Jのいずれかが入る。次のことが分かっているとき、確実にいえるのはどれか。

○　ちょうど2勝したのは3人であった。
○　BとIは準決勝で対戦し、その勝者は優勝した。
○　Fは、EともJとも対戦しなかった。
○　GとHはそれぞれ1試合目で負けたが、Hはその試合で勝っていたら次は準決勝であった。

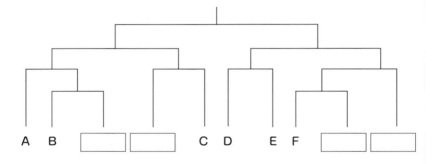

1　ちょうど1勝したのは1人であった。
2　GはCに負けた。
3　Fは準優勝であった。
4　IはDと対戦した。
5　Jは1試合目で勝った。

➡解答・解説は別冊P.059

問題4

裁判所職員（2022年度）

A、B、C、D、E、F、G、H、Iの9人が剣道のトーナメント大会に出場し、抽選の結果、下図のような対戦組み合わせになった。A～Dは図に示されているとおりで、①、②、③、④、⑤にはE～Iのいずれかが入る。以下の5人の発言のうち1人だけがウソをついているとき、正しくいえるものはどれか。

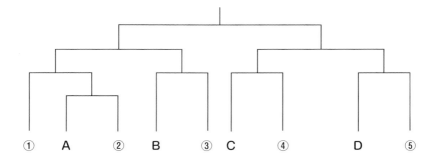

A 「私は2回戦でFに負けてしまった」
C 「私は1試合だけ勝った」
D 「私は1試合だけ勝った」
E 「組合せが決まった段階で、私は準決勝でHと、決勝でIと対戦する可能性があった」
G 「私は決勝でDと対戦した」

1 Aは決勝戦で負けた。
2 Bは2回戦で負けた。
3 Cはウソをついている。
4 EはCとHに勝った。
5 Fは1試合だけ勝った。

➡解答・解説は別冊P.060

SECTION

6 嘘つき

STEP 1 要点を覚えよう！

POINT 1 仮定して場合分けをする

嘘や誤りを含む発言をもとに推理する場合には、仮定したうえで発言間の矛盾を見つけて、どちらが本当でどちらが嘘かを明らかにしていく。その際は、発言の中で最も多く登場するものに着目するとよい。

例題 A～Eの5人のうち、A～Dの4人は以下のように発言している。

A 「Eは嘘つきである。」
B 「CもDも嘘つきではない。」
C 「AもEも嘘つきではない。」
D 「Bは嘘つきではない。」

このとき、嘘をついていることが確実なのはだれか。

AとCの**Eについての発言**は反対のことを言っている。

そこでまず、Cが本当のことを言っていると仮定すると、Aも嘘つきではないことになるが、Aの発言「Eは嘘つきである。」はCの発言と矛盾する。

したがって、Cが嘘をついていることがわかる。

このとき、Bの発言からBも嘘つきとなり、すると、Dも嘘をついている。

Cの発言から、AかEの少なくともどちらかは嘘つきとなるが、4人の発言からは、どちらが嘘をついているか確定できない。

したがって、嘘をついていることが確実なのは、B、C、Dである。

ここで差をつける！ ▶ 発言相互の関係に着目する

発言相互の関係から本当か嘘かを絞り込むこともある。例えば、Aが「Bは嘘つきである」と発言すると、（A＝本当、B＝嘘つき）か（A＝嘘つき、B＝本当）のどちらかしかあり得ないことになる。
このようにパターンを絞ることで、本当と嘘つきの人数に着目して解けることもある。

POINT 2 表をつくる

発言の内容を**場合分けして表にまとめ**、矛盾を見つける方法もある。

例題 A～Eの5人のうち、だれかが壁に落書きをした。5人に質問をしたところ、以下のような発言があった。

A 「私はやっていない。」
B 「CかDのどちらかがやった。」
C 「Eがやった。」
D 「私がやった。」
E 「Cは嘘をついている。」

この中で2人が嘘をついていることがわかっているとき、落書きをしたのはだれか。

落書きをした犯人を、それぞれA～Eと**仮定**して、それぞれの場合について5人の発言が**本当か嘘か**を確かめる。ただし、本当の場合は○、嘘の場合は×で表す。

発言

<table>
<tr><td rowspan="6" style="writing-mode: vertical-rl">犯人</td><td></td><td>A</td><td>B</td><td>C</td><td>D</td><td>E</td></tr>
<tr><td>A</td><td>×</td><td>×</td><td>×</td><td>×</td><td>○</td></tr>
<tr><td>B</td><td>○</td><td>×</td><td>×</td><td>×</td><td>○</td></tr>
<tr><td>C</td><td>○</td><td>○</td><td>×</td><td>×</td><td>○</td></tr>
<tr><td>D</td><td>○</td><td>○</td><td>×</td><td>○</td><td>○</td></tr>
<tr><td>E</td><td>○</td><td>×</td><td>○</td><td>×</td><td>×</td></tr>
</table>

犯人をAと仮定した場合、A、B、C、Dの発言は嘘となる。
犯人をBと仮定した場合、B、C、Dの発言は嘘となる。
犯人をCと仮定した場合、C、Dの発言は嘘となる。
犯人をDと仮定した場合、Cの発言は嘘となる。
犯人をEと仮定した場合、B、D、Eの発言は嘘となる。
条件から、**嘘をついているのは2人**だから、条件に対して矛盾を生じないのは、Cが落書きをした犯人の場合である。

上記では犯人ごとに検討しているけど、実は発言ごとに考えて縦に○×を入れていくと、時間短縮ができるよ。検討しやすい方法を試してみよう。

1 A〜Eの5人兄弟がいる。それぞれが自身について次のように発言している。ただし、次男と四男だけが嘘をついている。

A　三男である。
B　Aより年下である。
C　次男である。
D　Cより年上である。
E　Bより年下である。

このとき、Cは次男である。

× 　次男は嘘をついているので、自分のことを次男とは言わない。すると、Cはもう一人の嘘をついている**四男**である。

2 **1**の場合で、Dは次男である。

× 　次男は嘘をついているので、Dが次男の場合、Dの発言は嘘でなければならない。Dは「Cより年上である。」と言っているが、Cは**四男**なので、Dが次男の場合は嘘にならない。したがって、Dは**次男ではない**。

3 **1**の場合で、Aは嘘をついている。

× 　Cが**四男**なので、Aが嘘をついているとすれば、Aは**次男**である。しかし、BもEも次男である可能性があるため、Aが次男であるとは確定できない。したがって、Aが嘘をついているとは**限らない**。

4 **1**の場合で、Dは長男である。

○ 　Aが次男の場合、B、D、Eは本当のことを言っている。すると、BとEはAより年下で、Dは**長男**となる。Bが次男の場合、A、D、Eは本当のことを言っている。すると、Aは三男、Eは五男で、Dは**長男**となる。Eが次男の場合、A、B、Dは本当のことを言っている。すると、Aは三男、Bは五男で、Dは**長男**となる。

5 A〜Eの5人が、性別について次のように発言した。ただし、各人の発言は、前半か後半のどちらか一方だけが正しく、他方は嘘だった。
A 「私は男性で、Dは女性だ。」
B 「私は女性で、Cは男性だ。」
C 「私は男性で、Dも男性だ。」
D 「私は女性で、Bも女性だ。」
E 「私は女性で、Cも女性だ。」
このとき、Cが男性ならば、Bは女性である。

× Cが男性ならば、Bの発言の前半は誤りなので、Bは**男性**である。

6 **5**の場合で、Cが女性ならば、Aは女性である。

× Cが女性ならば、Cの発言の後半は正しく、Dは**男性**である。Dが男性のとき、Aの発言の前半は正しく、Aは**男性**である。

7 A〜Eの5人が徒競走をして1位から5位までの順位が決まった。Aは正直に「私は3位でDは5位だ。」と発言し、残りのうち2人がそれぞれ、「私は2位でEは4位だ。」、「私は1位でCは2位だ。」と発言したが、この2人のうち、1人が言ったことはすべて正しく、もう1人が言ったことはすべて嘘だった。前者の発言が正しいとき、Cは2位だった。

× Aは**3位**、Dは**5位**と確定している。前者の発言が正しかった場合、Cは2位ではなく、Eが4位だから、Bが2位となり、Cは**1位**である。

8 **7**の場合で、後者の発言が正しいとき、Bは4位である。

○ 後者の発言が正しかった場合、Cは**2位**、Aは**3位**、Dは**5位**である。Eは4位ではないので**1位**、残るBは**4位**である。

STEP 3 過去問にチャレンジ！

問題 1

警察官Ⅰ類（2019年度）

A、B、Cの3人が以下のような発言をした。このとき、確実にいえることとして、最も妥当なものはどれか。

A　「BとCはともに嘘つきである。」
B　「CとAはともに嘘つきである。」
C　「AとBはともに嘘つきである。」

1　Aは嘘をついている。
2　Aは嘘をついていない。
3　3人のうち、1人が嘘をついている。
4　3人のうち、2人が嘘をついている。
5　全員が嘘をついている。

➡解答・解説は別冊 P.061

問題 2

消防官Ⅰ類（2017年度）

A〜Eの5人がテニスの大会に出場した。テニスはダブルスで、A〜Eはそれぞれ2回ずつ異なる人とペアを組んで出場した。A〜Eが次のように証言している。5人のうち、うその証言をした者は1人のみで、その他の4人の証言は正しいとき、うその証言をした者として、最も妥当なものはどれか。

A　「私はDとペアを組んだ」
B　「私はCとDとペアを組んだ」
C　「私はAとペアを組んだ」
D　「私はEとペアを組んだ」
E　「私はAとペアを組んだ」

1　A
2　B
3　C
4　D
5　E

➡解答・解説は別冊 P.061

問題 3

特別区Ⅰ類（2017年度）

A～Eの5人がある検定試験を受け、このうちの1人が合格した。5人に試験の結果を聞いたところ、次のような返事が返ってきた。このとき、本当のことを言っているのが1人のみだとすると、確実にいえるものはどれか。

A 「合格はDでも私でもない。」
B 「合格はCかEのどちらかである。」
C 「合格はAでもBでもない。」
D 「合格はAか私のどちらかである。」
E 「合格はBでも私でもない。」

1 Aは、本当のことを言っている。
2 Bは、本当のことを言っている。
3 Cは、本当のことを言っている。
4 Dは、本当のことを言っている。
5 Eは、本当のことを言っている。

➡解答・解説は別冊 P.062

問題 4

国家一般職（2017年度）

A～Eの五つの箱があり、それぞれの箱にはラベルが1枚貼られている。箱とその箱に貼られているラベルの記述について調べてみると、空箱でないときは、ラベルの記述が正しく、事実と整合しており、空箱であるときは、ラベルの記述が誤っており、事実に反することがわかった。ラベルが次のとおりであるとき、A～Eのうち、空箱であると確実にいえるものはどれか。

Aのラベル：「CまたはDは空箱である。」
Bのラベル：「Aが空箱であるならば、Cも空箱である。」
Cのラベル：「Dは空箱である。」
Dのラベル：「AおよびBは空箱である。」
Eのラベル：「Dが空箱であるならば、Eは空箱でない。」

1 A
2 B
3 C
4 D
5 E

➡解答・解説は別冊 P.063

| 問題 5 | 警察官Ⅰ類（2022年度） |

A、B、C、Dの4人が等間隔で円陣を組んで座り、A、B、Cの3人が席順について次のように証言している。A、B、Cのうち1人は嘘つきであるとき、座り方の組み合わせの数として、最も妥当なものはどれか。

A 「私の真向かいはDではない。」
B 「私の隣はAである。」
C 「私はDとは隣り合っていない。」

1 2通り
2 3通り
3 4通り
4 5通り
5 6通り

➡解答・解説は別冊 P.064

| 問題 6 | 特別区Ⅰ類（2022年度） |

A～Eの5人が、音楽コンクールで1位～5位になった。誰がどの順位だったかについて、A～Eの5人に話を聞いたところ、次のような返事があった。このとき、A～Eの5人の発言内容は、いずれも半分が本当で、半分は誤りであるとすると、確実にいえるのはどれか。ただし、同順位はなかった。

A 「Cが1位で、Bが2位だった。」
B 「Eが3位で、Cが4位だった。」
C 「Aが4位で、Dが5位だった。」
D 「Cが1位で、Eが3位だった。」
E 「Bが2位で、Dが5位だった。」

1 Aが、1位だった。
2 Bが、1位だった。
3 Cが、1位だった。
4 Dが、1位だった。
5 Eが、1位だった。

➡解答・解説は別冊 P.065

問題 7

特別区Ⅰ類（2020年度）

A〜Eの5人が、ある競技の観戦チケットの抽選に申し込み、このうちの1人が当選した。5人に話を聞いたところ、次のような返事があった。このとき、5人のうち3人が本当のことを言い、2人がうそをついているとすると、確実にいえるのはどれか。

A 「当選したのはBかCのどちらかだ。」
B 「当選したのはAかCのどちらかだ。」
C 「当選したのはDかEである。」
D 「私とCは当選していない。」
E 「当選したのはBかDのどちらかだ。」

1 Aが当選した。
2 Bが当選した。
3 Cが当選した。
4 Dが当選した。
5 Eが当選した。

➡ 解答・解説は別冊 P.065

問題8

裁判所職員（2020年度）

A、B、C、D、Eの5人がある競争をし、1位から5位の順位が付いた。

A 「私は1位ではありません」
B 「Cは2位ではありません」
C 「私は3位ではありません」
D 「私は4位でした」
E 「私は5位ではありません」

3位～5位の3人はみなウソをついている。1位と2位の2人は本当のことを言っているのかウソをついているのか不明である。このとき、Dは何位であったか。

1　1位
2　2位
3　3位
4　4位
5　5位

➡解答・解説は別冊 P.066

CHAPTER

暗号・操作

この章で学ぶこと

● 暗号の問題はほとんどの試験種で出題されない

　暗号は判断推理において特徴的な問題ですが、実際の出題実績でいうと、ほぼ出ることがありません。後述のとおり、特別区は毎年1問出題されるため、準備しておいたほうが得策ではありますが、本試験での難易度が極めて高くなることも多いテーマです。

　そもそも暗号は規則性の問題ですが、どのような**暗号化の規則性**があるかを見抜くのが非常に難しいことが多いです。ここで解答時間を無駄に使ってしまって、他の問題に時間が割けなくなってしまうようでは本末転倒なので、扱い方に注意が必要になります。とりあえず後回しにして、後で時間が余ったら戻ってくる……という戦略も十分に考えられるでしょう。

● 操作手順の問題は多くの試験種で出題される

　一方で、非常に重要なテーマとなるのが**操作手順**の問題です。操作手順の問題は大きく2つに分けられます。油分け算やてんびんの問題などの、解き方が決まっている**「定番の操作手順」**と、本試験のその場でルールを読み取って解くタイプの**「初見の操作手順」**です。特に数量条件などを絡めるタイプは出題頻度が高くなっています。

　「定番」のものは、国家公務員試験ではまず出題されず、特別区や東京都などの地方公務員試験がメインといえます。一方で、「初見」のものは、国家公務員試験を中心に広く出題があります。まさに「現場思考」で解く問題になるので、やはり解答時間がかかりすぎないように注意が必要になります。

● その場で考える要素が大きいテーマは、制限時間に注意する

　判断推理においては、まずは**「どのように解けばよいか」**を考えるのに時間がかかることも多いですが、特に本章はその傾向が強いテーマです。暗号であれば「どういう規則性があるか」を調べるのに時間がかかり、操作手順であれば「どういうルールがあるか」を把握するのに時間がかかります。したがって、ある程度パターン化できるものは**パターン化しつつ臨む**のが最善であるといえるでしょう。特に「定番の操作手順」は、出題頻度は低いですが、いざ出題されればほとんど解法パターンが決まっているものばかりです。メリハリをつけて学習を進めるよう心がけましょう。

国家一般職

その場で考えるタイプの初見の操作手順は出題されやすい。特に多いのが数値などの条件を加えた問題で、単純に解けるものは少ないので、解答時間がかかることを覚悟したうえで臨んだほうがよいだろう。

国家専門職

傾向としてはほぼ国家一般職と同様である。特にその場で考えるタイプの初見の操作手順は出題頻度が高く、数量条件などを絡める出題がある。難易度が高いことが多いので、くれぐれも注意したい。

地方上級

本章に限っていえば、あまり出題されないと考えてよいだろう。ただし、数量条件を絡めた出題は多いため、一通り学習はしておいたほうが得策である。

裁判所職員

操作手順は比較的出題頻度が高く、特にてんびん（偽物のコインを見つけるタイプ）などは頻出である。ただし、定番と異なり、ひねりを加えて難易度を大きく上げる問題が多いので、解答時間に注意しつつ臨んでほしい。

東京都Ⅰ類

本章に該当する問題はほとんど出題されないが、近年は油分け算などの定番の操作手順なども出たことがある。解法が決まっているものは確実に得点したいので、やはり油断せずに学習すべきだろう。

特別区Ⅰ類

他の試験種と異なる大きな特徴として、暗号が毎年1問出題されている。ただし、難易度は年によって上下が激しく、制限時間内に解くのが厳しいものから、気づければあっさり短時間で解けてしまうものまで幅広い。取扱いに注意してほしい。

市役所

操作手順はその場で考える初見のタイプが出題されやすい傾向にある。数量を絡めるタイプで出ることが多いので準備しておきたい。

1 暗号

STEP 1 要点を覚えよう！

POINT 1 元の言葉の表記を考える

　暗号の問題は、**かな文字かアルファベット**で解読する場合が多い。最初に、どちらなのかを考える。そのために、暗号とそれを表す言葉の文字数を数え、対応関係が成り立つか確認するとよい。

例「名古屋」が「**51, −25, 81**」、「神戸」が「**25, 13, −64**」と表される暗号の場合の、かな文字・アルファベットでの文字数と関係を考える。

	かな文字	アルファベット
51, −25, 81	なごや	NAGOYA
25, 13, −64	こうべ	KOBE

　「名古屋」は、な＝51とも考えられるし、N＝5、A＝1、G＝−2、……とも考えられる。
　しかし「神戸」は、アルファベットでは4文字であり、暗号との関係が成り立たない。
　したがって、**かな文字を暗号化**していると考えられる。

POINT 2 かな文字の暗号

　かな文字の**50音表**をもとに考えるのが定番である。上記の例は、下の表から暗号を作っている。
　さらに「ご」は**−25**、「べ」は**−64**であることから、濁音には−を付けていると推測される。

	1	2	3	4	5	6	7	8	9	0
1	あ	か	さ	た	な	は	ま	や	ら	わ
2	い	き	し	ち	に	ひ	み	―	り	―
3	う	く	す	つ	ぬ	ふ	む	ゆ	る	―
4	え	け	せ	て	ね	へ	め	―	れ	―
5	お	こ	そ	と	の	ほ	も	よ	ろ	を

例「な」は「な行（5）の1文字目（1）⇒**51**」、「ご」は「か行（2）の5文字目（5）に濁点（−）⇒**−25**」、「や」は「や行（8）の1文字目（1）⇒**81**」
　「こ」は「か行（2）の5文字目（5）⇒**25**」、「う」は「あ行（1）の3文字目（3）⇒**13**」、「べ」は「は行（6）の4文字目（4）に濁点（−）⇒**−64**」

POINT 3 アルファベットの暗号

アルファベットの**26文字**をもとに考える。**逆順**や、**A以外の文字から始まる**、**決まった文字数分だけアルファベットの順番をずらす**などのひねりもある。

例 「名古屋」が「BOUCMO」、「神戸」が「YCPS」と表される暗号の場合、文字数から**アルファベット**（ローマ字）を暗号化していると考えられる。

NAGOYA → BOUCMO、KOBE → YCPS

Aの部分が**O**に当たるので、**O**から始まると推測される。

A B C D E F G H I J K L M N O P Q R S T U V W X Y Z
O P Q R S T U V W X Y Z A B C D E F G H I J L K L M N

POINT 4 n進法

かな文字かアルファベットの暗号に、**2進法、3進法、5進法**などを掛け合わせて暗号化される場合もある。普段私たちが使っている10進法は10で繰り上がるが、2進法では2で繰り上がる。このとき2の文字は使わず、**1の次は1桁増えて10**となる。3進法や5進法も同様の考え方である。

10進法	0	1	2	3	4	5	6	7	8	9	10	11
2進法	0	1	10	11	100	101	110	111	1000	1001	1010	1011
3進法	0	1	2	10	11	12	20	21	22	100	101	102
5進法	0	1	2	3	4	10	11	12	13	14	20	21

例 「犬」が「022，111，202」、「猫」が「111，011，101，112」と表される暗号の場合、文字数から「INU」「NEKO」とアルファベットを暗号化していると考えられる。2まで数字を使っていることから**3進法**と推測される。

POINT 5 漢字・英単語を変換する場合

暗号が漢字である場合、**へんとつくりの画数**が50音表の子音・母音に対応していることも多い。また、簡単であれば英語に訳して暗号化されることもある。

例 「犬」が「仕紙」、「猫」が「粘待」と表される暗号の場合、文字数から「いぬ」「ねこ」と**かな文字**を暗号化していると考えられる。

仕はへんが2画、つくりが3画なので（2，3）とする。そうすると「犬」は（2，3）（6，4）、「猫」は（6，5）（3，6）となる。へんの画数が子音、つくりの画数が母音で、「い」が（2，3）だから、**子音も母音も2で始まる50音表**で暗号化されていると推測できる。

> **ここで書きめる！** ▶ 英語に訳すこともある
>
> 「犬」が「WLT」、「猫」が「XZG」と表される暗号の場合、「犬」→「**DOG**」、「猫」→「**CAT**」と英語に訳して情報を書き込むと、**逆順**のアルファベットに変換されていると推測される。

CHAPTER

3

暗号・操作

1

暗号

1 ある暗号で「あさひ」が「1a，1c，2f」と表されるとき、「ゆうひ」はどのように表すか。

3h，3a，2f 文字数から、かな文字の暗号で、2回出てくる「1」は、母音が「あ」音の意味と推測される。50音表に当てはめると、子音がaから始まるアルファベット、母音が1から始まる数字の規則が考えられる。

	a	b	c	d	e	f	g	h	i	j
1	あ	か	さ	た	な	は	ま	や	ら	わ
2	い	き	し	ち	に	ひ	み	—	り	—
3	う	く	す	つ	ぬ	ふ	む	ゆ	る	—
4	え	け	せ	て	ね	へ	め	—	れ	—
5	お	こ	そ	と	の	ほ	も	よ	ろ	を

2 ある暗号で「仙台」が「XJSIFN」と表されるとき、「奈良」はどのように表すか。

SFWF 文字数から、アルファベットの暗号と推測され、SENDAI→XJSIFNを当てはめる。Fから始まる並びに対応していることがわかる。

A	B	C	D	E	F	G
F	G	H	I	J	K	L
H	I	J	K	L	M	N
M	N	O	P	Q	R	S
O	P	Q	R	S	T	U
T	U	V	W	X	Y	Z
V	W	X	Y	Z		
A	B	C	D	E		

3 ある暗号で「雨」が「0000，1103」、「晴れ」が「1000，1303」と表されるとき、「曇り」はどのように表すか。

0102，1104，1301　文字数から、かな文字の暗号と推測される。「あめ」「はれ」はどちらも母音があ音・え音であるが、暗号の後半2桁も00・03と共通しているので、暗号の前半2桁が子音、後半2桁が母音と考えられる。50音表に当てはめると子音・母音とも00から始まり、5進法が適用されているとわかる。

	00	01	02	03	04	10	11	12	13	14
00	あ	か	さ	た	な	は	ま	や	ら	わ
01	い	き	し	ち	に	ひ	み	―	り	―
02	う	く	す	つ	ぬ	ふ	む	ゆ	る	―
03	え	け	せ	て	ね	へ	め	―	れ	―
04	お	こ	そ	と	の	ほ	も	よ	ろ	を

4 ある暗号でアルファベットを◎▲☆で表す場合、「バラ」は「◎◎▲◎◎◎▲☆☆◎◎◎」、「ユリ」は「☆☆◎☆◎☆▲☆☆◎☆☆」となる。「アジサイ」はどのように表すか。

◎◎◎▲◎◎◎☆☆☆◎◎◎◎◎☆☆　「バラ」「ユリ」はアルファベットにすると「BARA」「YURI」となり、アルファベット1文字につき暗号は3文字とわかる。また、3種の記号が使われているので3進法が推測される。Aにあたる部分が「◎◎◎」なので、3進法の0が◎、さらにBにあたる部分が「◎◎▲」から1が▲、残る2は☆と考えられる。「アジサイ」は「AJISAI」となるから、000100022200000022を置き換える。

A	B	C	D	E	F	G
000	001	002	010	011	012	020
H	I	J	K	L	M	N
021	022	100	101	102	110	111
O	P	Q	R	S	T	U
112	120	121	122	200	201	202
V	W	X	Y	Z
210	211	212	220	221

問題 1

特別区 I 類（2020 年度）

ある暗号で「ヒラメハウミノサカナ」が「徒厨稚厚机堀絵仮付侍」で表されるとき、同じ暗号の法則で「ヘコアユ」を表したのはどれか。

1 「役縦働咲」
2 「材縦紙叶」
3 「書町縮培」
4 「兵児亜湯」
5 「裕紅仏暗」

➡解答・解説は別冊 P.067

問題 2

消防官 I 類（2018 年度）

ある暗号で「庚火・壬木・甲火・戊水・辛土・庚金」が「みらいのゆめ」と読めるとき、暗号「丁水・乙金・甲火」が表すものとして、最も妥当なものはどれか。

1 こけい
2 こせい
3 こてい
4 そせい
5 とけい

➡解答・解説は別冊 P.067

問題 3

消防官 I 類（2019 年度）

ある暗号で、「空（そら）」は「HPB」、「空気」は「ZRI」と表すことができるとき、暗号「DZGVI」が表すものとして、最も妥当なものはどれか。

1 雲
2 水
3 夢
4 地球
5 光

➡解答・解説は別冊 P.068

問題 4

ある暗号で、「源（みなもと）」は「LGKWHIMG」、「平（たいら）」は「SYFNV」と表すことができるとき、暗号「SYHWPDB」が表す名前を含む人物として、最も妥当なものはどれか。

1　源 頼朝
2　平 清盛
3　北条泰時
4　足利尊氏
5　徳川家康

➡解答・解説は別冊P.068

問題 5

ある暗号で「CLUB」が「上上下、中上下、下上下、上上中」、「DAWN」が「上中上、上上上、下中中、中中中」で表されるとき、同じ暗号の法則で「下上上、上下中、中中下、中下上」と表されるものはどれか。

1　「SORT」
2　「SHOP」
3　「SHIP」
4　「PORT」
5　「MIST」

➡解答・解説は別冊P.69

問題 6

ある暗号で「カエデ」が「BjAdDq」、「フユヅタ」が「FbHlDrDt」で表されるとき、同じ暗号の法則で「HnGeCkBhIo」と表されるのはどれか。

1　「マメザクラ」
2　「ミネザクラ」
3　「ミネズオウ」
4　「ヤマザクラ」
5　「ヤマボウシ」

➡解答・解説は別冊P.070

2 カード

STEP **1** 要点を覚えよう！

POINT 1 条件を整理する

　カードの問題は、カードの**枚数**と配られる**人数**が示される。さらに各人が受け取った**枚数**、カードに書かれた**数**等のヒントが示される。その条件を整理する。

例 1 〜 13 の数字を 1 つずつ書いた 13 枚のカードがあり、A 〜 D の 4 人に配った。以下のことがわかっているときの状況を整理する。

ア A には **3 枚**配られ、すべて**奇数**であった。

イ B には「1」と書いているカードを含む **4 枚**が配られ、4 枚の数字の合計は **17** であった。

ウ C には「11」と書いているカードを含む **3 枚**が配られ、3 枚の数字の合計は **24** であった。

> D の枚数もわかる

POINT 2 条件から、状況を絞り込む

　条件から**明らかになる事項**を考え、状況を絞り込んでいく。カードの問題は、条件に**数**や**色**が示されていることが多い。**奇数・偶数**の組み合わせにも着目する。

例 前述の例では、**奇数の枚数**と**合計の数**が示されている。**奇数**のほうから考える。

① A が持つのは、奇数のうち B と C が持つ **1** と **11** を除いた中の **3 枚**である。

② B が持つ「1」以外のカード 3 枚の合計は **16** であるが、3 つ足して 16 になる組み合わせは（**奇・奇・偶**）あるいは（**偶・偶・偶**）しかない。

③ C が持つ「11」以外のカード 2 枚の合計は **13** であるが、2 つ足して 13 になる組み合わせは（**奇・偶**）しかない。

④ 奇数の枚数を確認すると、A は **3 枚**、C は **2 枚**（「11」含む）であり、残りは **2 枚**となる。B はすでに奇数を 1 枚持っているから、B の残りのカードは、（奇・奇・偶）の場合はあり得ず、（**偶・偶・偶**）に絞られる。

例 次に**合計数**についてわかっていることを確認する。

① B の（偶・偶・偶）の 3 枚で合計 16 となる組み合わせは（**2・4・10**）あるいは（**2・6・8**）である。

② Cの（奇・偶）の2枚で合計13となるのは、（**3・10**）（**4・9**）（**5・8**）（**6・7**）である。

POINT 3　すべての条件から特定できないときは場合分けをする

絞り込んだ結果は、さらに**場合分け**をして明確にできるものを見つけていく。

例 前述の例では **B** のほうが組み合わせが少ないので、まずは **B** を場合分けする。

1．Bの残り3枚が（2・4・10）の場合
・Cが（**5・8**）のとき → Aは**3**、**7**、**9**、**13**のうち3枚 → Dは**6**、**12**とAの残り1枚
・Cが（**6・7**）のとき → Aは**3**、**5**、**9**、**13**のうち3枚 → Dは**8**、**12**とAの残り1枚

2．Bの残り3枚が（2・6・8）の場合
・Cが（**3・10**）のとき → Aは**5**、**7**、**9**、**13**のうち3枚 → Dは**4**とAの残り1枚
・Cが（**4・9**）のとき → Aは**3**、**5**、**7**、**13**のうち3枚 → Dは**10**とAの残り1枚

POINT 4　色やマークの組み合わせの場合

数の組み合わせ以外に、**色やマーク**が条件となる問題もある。

例 裏面が赤・青・黄・緑のカードが5枚ずつ計20枚あり、どの色にも○が書いてあるカードと☆が書いてあるカードが1枚ずつある。A～Dの4人に5枚ずつ配り、以下のことが分かった。

ア　Aは、黄を1枚、緑を1枚持っている。
イ　Bは同じ色を4枚持ち、○が2枚あった。
ウ　Cは黄を3枚、青を1枚持ち、☆が3枚あった。
エ　Dはすべての色を持ち、○と☆が1枚ずつあった。

⇒色のほうが**制約が多い**ので、**色**から考える。

① ア～エより、イの同じ色が4枚そろうのは**赤**である。

② 残りは**青**3枚、**緑**3枚となるが、アよりAは緑が1枚しかないので、**青は3枚ともA、緑は1枚ずつB～D**が持っているとわかる。

A	黄・緑・□・□・□
B	赤・赤・赤・赤・□
C	黄・黄・黄・青
D	黄・緑・青・赤・□

⇒次に**マーク**を考える。

③ Bは○を2枚持っているが、赤と緑の2色しかないため、**赤の○と緑の○**を持っている。

④ Cは☆を3枚持っているが、黄と青と緑の3色しかないため、**黄の☆、青の☆、緑の☆**を持っている。

⑤ まだ確定していないのは、赤の☆、青の○、黄の○であるが、赤はBのほかは **D** しか持っていないので、**赤の☆**はDが持っている。

A	黄・緑・青・青・青
B	赤・赤・赤・赤○・緑○
C	黄・黄・黄☆・青☆・緑☆
D	黄・緑・青・赤☆・緑

⑥ エより、Dは青の○か黄の○のどちらかを持っている。

1 奇数と偶数のいずれかを3つ選んだ組み合わせのうち、合計が奇数になる組み合わせはいくつあるか。

2つ　奇数・奇数・奇数と奇数・偶数・偶数の場合に、合計が奇数になる。

2 奇数と偶数のいずれかを3つ選んだ組み合わせのうち、合計が偶数になる組み合わせはいくつあるか。

2つ　奇数・奇数・偶数と偶数・偶数・偶数の場合に、合計が偶数になる。

3 奇数と偶数のいずれかを3つ選んだ組み合わせのうち、積が奇数になる組み合わせはいくつあるか。

1つ　奇数・奇数・奇数の場合に、積が奇数になる。

4 奇数と偶数のいずれかを3つ選んだ組み合わせのうち、積が偶数になる組み合わせはいくつあるか。

3つ　奇数・偶数・偶数、奇数・奇数・偶数、偶数・偶数・偶数の場合に、積が偶数になる。

5 1～12の整数が書かれているカードが1枚ずつある。このうち3枚を選ぶとき、数の合計が11になる組み合わせをすべて答えよ。

（1，2，8）、（1，3，7）、（1，4，6）、（2，3，6）、（2，4，5）　まず、1枚目に1を選んだとして、他の2枚の組み合わせを考えると、（2，8）、（3，7）、（4，6）となる。次に、1枚目に2を選んだ場合、（2，1，8）の組み合わせはすでに出ているから、あとは（3，6）、（4，5）となる。3以降はすでに出ているので、以上の5つである。

6 1～12の整数の書かれているカードが1枚ずつある。このうち3枚を選ぶとき、数の積が24になる組み合わせをすべて答えよ。

（1，2，12）、（1，3，8）、（1，4，6）、（2，3，4）　1枚目に1を選んだとして、他の2枚の組み合わせを考えると、（2，12）、（3，8）、（4，6）となる。1枚目に2を選んだ場合、（2，1，12）の組み合わせはすでに

出ているから、あとは（3, 4）の組み合わせがある。

---

7 ♡☆◇のマークが書かれたカードが4枚ずつあり、どのカードも1枚ずつ、金色のカードと銀色のカードがある。A〜Cに4枚ずつ配ったとき、Aは♡を1枚で他はすべて同じマークを、Bはすべてのマークを、Cは2種類のマークを同じ数受け取った。Cが持っていると考えられるマークの組み合わせをすべて答えよ。

♡と☆、♡と◇　Aは♡を1枚、Bは♡☆◇を各1枚持っている。Cが☆と◇を持つとした場合、Bが♡の残り2枚を持つことはできないのでCは♡を持っているとわかり、下図のようになる。ただし、▲と■は同じマークである。

A	♡	▲	▲	▲
B	♡	☆	◇	■
C	♡	♡	■	■

---

8 **7**の場合で、A〜Cは金色と銀色のマークをそれぞれ持っており、金色の☆はBが、金色の♡はCが持っているとわかった。次のうち確実にいえるのはどれか。
① Aは金色の◇を持っている。
② Bは銀色の♡を持っている。
③ Cは銀色の☆を持っている。

① 場合分けして考える。
Aが持つ▲が☆の場合
金色の☆はBが持っているから、Aは銀色の☆を1枚持っている。しかし、金色の♡はCが持っているので、Aは金色のカードを持つことができず、条件に反する。
Aが持つ▲が◇の場合
Bの♡が銀色のとき、Aは金色の◇と銀色の◇を持っている。
Bの◇が銀色のとき、Aは銀色の♡と金色の◇を持っている。
Bの☆が銀色のとき、Cが持っているもう1枚の♡は銀色で、Aは金色の◇と銀色の◇を持っている。
いずれの場合も、Aは金色の◇を持っている。

A	♡	◇	◇	◇
B	♡	☆	◇	☆
C	♡	♡	☆	☆

A	♡	◇	◇	◇
B	♡	☆	◇	☆
C	♡	♡	☆	☆

A	♡	◇	◇	◇
B	♡	☆	◇	☆
C	♡	♡	☆	☆

赤⇒金色　青⇒銀色

STEP 3 過去問にチャレンジ！

問題 1

カードが全部で6枚あり、このうち青のカードと赤のカードは各2枚、金のカード と銀のカードは各1枚である。カードには1、2、3、4、5、6のいずれかの数字 が1つずつ書いてあり、同じ数字のカードはない。6枚のカードを1列に並べたとき、 A～Dのようになった。これらのことから正しくいえるものはどれか。

A 両端にあるカードの数字の和は5である。
B 2のカードの両隣には赤のカードがある。
C 銀のカードの左隣には1のカードが、右隣には金のカードがある。
D 3のカードの左隣には6のカードが、右隣には青のカードがある。

1 右端のカードは赤の3である。
2 右端から2番目のカードは赤の2である。
3 左端のカードは青の4である。
4 左端から2番目のカードは銀の1である。
5 左端から3番目のカードは金の6である。

→解答・解説は別冊 P.071

問題 2

1～13までの数字を1つずつ書いた13枚のカードをA～Dの4人に配った。以下の ア～エのことがわかっているとき、確実にいえることとして、最も妥当なものは どれか。

ア Aには2枚のカードを配った。
イ Bには3枚のカードを配り、その中には「1」と書かれたカードがあり、3枚の 数字の合計は21である。
ウ Cには4枚のカードを配り、その中には「13」と書かれたカードがあり、4枚の 数字の合計は38である。
エ Dには4枚のカードを配り、その4枚のカードに書かれた数字はすべて奇数である。

1 Aは「2」と書かれたカードを持っている。
2 Aは「6」と書かれたカードを持っている。
3 Cは「9」と書かれたカードを持っている。
4 Cは「11」と書かれたカードを持っている。
5 Dは「9」と書かれたカードを持っている。

→解答・解説は別冊 P.071

裁判所職員（2021年度）

9枚のカードがあり、表面に2〜10までの数字がそれぞれ書かれている。この9枚のカードを3枚ずつに分け、A、B、Cの3人に配った。3人が次のように述べているとき、確実にいえるものはどれか。

A 「私が持っている3枚のカードの和は、偶数である。」
B 「私が持っている3枚のカードの積は、奇数である。」
C 「私が持っている3枚のカードの和は、13である。また、3枚のカードの積は3の倍数であるが、9の倍数ではない。」

1 Aは6のカードを持っている。
2 Bは3のカードを持っている。
3 Bは7のカードを持っている。
4 Cは5のカードを持っている。
5 Cは8のカードを持っている。

➡解答・解説は別冊P.072

問題4

裁判所職員（2019年度）

5枚のカードがテーブルに置かれている。それぞれのカードは片面にはアルファベットが書かれ、もう片面には数字が書かれてある。この5枚のカードについて、「カードの片面に母音のアルファベットが書かれているならば、その裏面には3の倍数または4の倍数が書かれている」ということが成り立っているかを、最も少ない枚数のカードを裏返して確認するとき、裏返す必要があるカードを全てあげているものは次のうちどれか。

ア	イ	ウ	エ	オ
A	F	8	10	24

1 ア、エ
2 ア、オ
3 ア、ウ、エ
4 ア、ウ、オ
5 ア、イ、ウ、エ

➡解答・解説は別冊P.073

3 ボートの移動・油分け算

STEP 1 要点を覚えよう！

POINT 1 ボートの移動

定番の操作手順の一つに、ボートで全員を対岸まで移動させる場合の**最少の回数**を問われる問題がある。**1度に乗れるボートの定員**等が決められており、その制約から効率のよい移動のしかたを考える。

> **例題** 一隻のボートがあり、大人1人、子供2人まで乗ることができる。このボートで大人3人と子供2人が川の対岸まで渡るには、最少で何回川を渡ることになるか。出発地点から対岸、対岸から出発地点への移動をそれぞれ1回とする。なお、大人と子供が同時に乗ることはできない。

ボートは無人では戻れないため、ポイントは**誰が対岸からボートを戻すか**である。例題では、大人は1人しか乗れない。大人が1人で乗っていっても、その1人が戻りも乗らなければならず、移動が進まない。よって、**ボートを戻すのは子供の役割**である。

このことから、次のような手順で全員を移動させる。①**戻りに子供が乗るようにして大人を全員渡らせ**、②**子供を全員渡らせる**。

①大人3人の移動

大人が1人対岸に渡るには、ボートを戻すために子供が1人対岸にいなくてはならない。そこで、大人が1人対岸に渡る前に子供が2人で渡り、うち1人が残って1人が戻る。これが大人1人を渡らせる最少の動きで（下図）、移動回数は**4回**である。大人3人が移動するため、4×3＝**12回**となる。

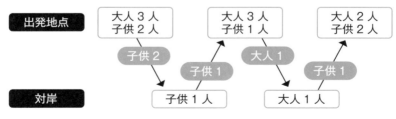

②子供2人の移動

大人3人は対岸に渡ったため、出発地点には子供2人が残る。子供2人が対岸に渡れば終わりなので移動回数は**1回**である。

よって、①の12回と②の1回を合わせて、移動回数は全部で**13回**である。

POINT 2 油分け算

定番の操作手順の一つに、大・中・小の容器を使って、定められた容量の液体を分ける**油分け算**がある。問題では、定められた容量になるまでの**最少の移し替えの回数**が問われる。油分け算では次の①、②の原則があり、これを用いて解く。
① **大→中、中→小、小→大、大→中**……の移し替えを繰り返す。
② 移し替えによって、**前と同じ状態になる場合は、その操作はとばす**。

> **例題** 大きな水槽と、7Lと5Lの容器がある。水槽から水を汲み、移し替えによって4 Lの水を分けたいとき、最少で何回の移し替え操作が必要か。ただし、水は水槽に戻してもよく、水槽と容器、容器間で水を移すごとに1回と数える。

大きな水槽を**大**、7 Lの容器を**中**、5 Lの容器を**小**として、①、②の原則に則って移し替えを繰り返す。

	移し替え前	大↓中	中↓小	小↓大	大↓中	中↓小	小↓大	大↓中	中↓小
回数		1	2	3		4		5	6
大									
中	0	7	2	2	7	0	0	7	4
小	0	0	5	0	0	2	0	2	5

1回目と同じ状態になるのでとばす

移し替え前と同じ状態になるのでとばす

6回目の操作で中の容器に4 Lが入った状態となったので、正解は**6回**である。

> 問題によっては大→小→中→大……のほうが最小回数になることもあるけど、本試験ではほとんど出ることがないから気にする必要はないよ。

ここで前きめる！ 通常は「等分する」問題になる

油分け算は原則として「**全体を2等分する**」問題として出題されることが多い。多くは上記の方法で解けるので、ケアレスミスのないように書き出していけばよい。

STEP 2 一問一答で理解を確認！

1 1隻のボートがあり、男性は1人、女性は2人まで乗ることができる。男女2人ずつがいて、最少の回数で全員が対岸に渡るには、最初に誰が何人乗るのが適切か。なお、男性と女性が同時に乗ることはできない。

女性が2人　条件から、男性が乗っても戻ることはできないため、女性で、かつ、戻りの人員も必要となるため**2人**である。

---

2 **1**の場合において、全員が渡るまでの最少の回数として最も妥当なのはどれか。

1　9回
2　11回
3　13回

1　**1**より、女性が2人渡り、うち1人が対岸に残り1人が戻る。次に男性が1人渡り、対岸に残っていた女性が1人戻る。男性1人が渡るのにこの**4回**の移動が必要であり、男性は**2人**いるため、4×2＝**8回**。最後に女性が2人で対岸に渡る**1回**を足して、合計**9回**となる。

---

3 **1**の場合に加えて、女性が3人であるとき、全員が渡るまでの最少の回数は何回か。

11回　**2**より、男性2人が渡るのに**8回**の移動が必要である。残る女性3人は、まず女性が2人渡り、うち1人が対岸に残り1人が戻る。最後に女性が2人で対岸に渡る。女性3人が渡るには**3回**の移動が必要となる。よって、8＋3＝**11回**。

---

4 樽に12 Lの油が入っている。この油を5 Lと3 Lの升を使って10 Lを汲み分けたい。このとき、移し替えの最少の回数は何回か。

3回　大→中、中→小、小→大、大→中……の原則に則って、移し替える。図のようになり、**3回**である。

	移し替え前	大↓中	中↓小	小↓大
回数		1	2	3
樽	12	7	7	10
5 L	0	5	2	2
3 L	0	0	3	0

STEP 2 一問一答で理解を確認！

5 **4**の場合において、5 Lを汲み分けたい。このとき、移し替えの最少の回数は何回か。

5回 **4**の操作を続け、前と同じ状態になるときはとばす。図のように5回目で5 Lずつに分けることができる。

	小 ↓ 大	中 ↓ 小	大 ↓ 中
回数	3	4	5
樽	10	10	5
5 L	2	0	5
3 L	0	2	2

6 **4**の場合において、樽に入っている油が20 Lであるとする。4 Lを汲み分けたいとき、移し替えの最少の回数は何回か。

6回 図のように6回目で4 Lを汲み分けることができる。油分け算では、大きい容器の量が変わっても、中・小の容器に入る量が同じであれば、各回の移し替えで中・小に汲まれる量は変わらない。

	移し替え前	大 ↓ 中	中 ↓ 小	小 ↓ 大	中 ↓ 小	大 ↓ 中	中 ↓ 小
回数		1	2	3	4	5	6
樽	20	15	15	18	18	13	13
5 L	0	5	2	2	0	5	4
3 L	0	0	3	0	2	2	3

7 A～Cの3本の柱があり、Aに積まれている3枚の円盤をCに移し替えたい。最少の回数は何回か。ただし、円盤は1回の移動につき1個ずつ他の柱に動かし、小さい円盤の上にそれよりも大きい円盤をのせられないものとする。

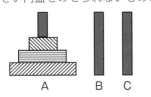

7回 「ハノイの塔」と呼ばれる問題である。まず、2枚の円盤をBに移動する。①小さい円盤をCに→②中ぐらいの円盤をBに→③Bの中ぐらいの円盤の上にCの小さい円盤を重ねる。次に、④Aの大きい円盤をCに→⑤Bの上の小さい円盤をAに→⑥Bの中ぐらいの円盤をCの大きい円盤の上に→⑦最後にAの小さい円盤をCの中ぐらいの円盤の上に重ねる。なお、円盤がn枚だと、2^n-1回かかる。

STEP 3 過去問にチャレンジ！

問題 1

裁判所職員（2021年度）

以下のルールに従ってゲームを行う。

ア サイコロが1つと、中が見えない外見の同じ4つのカップがある。

イ ディーラーは、カップを伏せた状態で横一列に並べ、プレイヤーに見えないように4つのカップのうちのどれか1つにサイコロを隠す。

ウ プレイヤーは4つのカップのうち、サイコロが入っていると思われるカップを1つ開ける。

エ サイコロが入っていたときは、「当たり」となってゲームが終了する。

オ 当たらなければゲームが続き、ディーラーはプレイヤーに見えないようにサイコロを隣にあるカップに移し、プレイヤーはサイコロが入っていると思われるカップを1つ開ける。

このゲームで、確実に「当たり」になるまでにプレイヤーがカップを開ける最少の回数として、正しいものはどれか。

1 2回
2 3回
3 4回
4 5回
5 6回

➡解答・解説は別冊 P.074

問題2　　　　裁判所職員（2018年度）

A～Hの文字が書かれた8枚のコインを図のように円周上に並べる。いま、Aから順に1、2、3......と右回りに数え始め、7番目であるGを取り除く。次にGの次のHから順に1、2、3......と数え始め、7番目であるFを取り除く。同様にして、次はHから数え始めて7番目のHを取り除く。こうして次々に7番目のコインを取り除いていくと、最後は1枚だけコインが残ることになる。こうした操作について、次のことが言える。

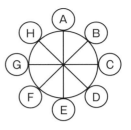

ア　最後にAを残すには、X（A～Hのいずれか）から数え始めればよい。
イ　最後にアで定めたXを残すには、Y（A～Hのいずれか）から数え始めればよい。

このとき、Yに該当するコインとして、正しいものはどれか。

1　A
2　B
3　C
4　D
5　E

➡解答・解説は別冊P.074

問題3

警察官Ⅰ類（2017年度）

下図のような川があり、大人6人、子ども3人が、スタート地点がある一方の岸から、ゴール地点がある対岸まで、一艘の足こぎボートを使って以下のルールにしたがい移動する。スタート地点からゴール地点までの移動、ゴール地点からスタート地点までの移動を、それぞれ1回と数えるとき、全員が対岸のゴール地点まで移動し終えるまでのボートの最少の移動回数として、最も妥当なものはどれか。

・ボートに大人は1人だけしか乗ることができない。
・ボートに子どもは最大2人までしか乗ることができない。
・ボートに大人と子どもが同時に乗ることはできない。
・ボートが無人で移動することはない。

1　23回
2　25回
3　27回
4　29回
5　31回

➡解答・解説は別冊 P.075

問題4

国家一般職（2019年度）

正の整数を入力すると、次の条件①〜⑤に従って計算した結果を出力するプログラムがある。正の整数を入力してから結果が出力されるまでを1回の操作とし、1回目の操作では初期値を入力する。また、2回目以降の操作では、その前の操作で出力された結果を入力する。

いま、条件⑤の一部がわからなくなっているが、■には1、2、3のうちいずれかが入ることがわかっている。

このプログラムに1を初期値として入力すると、何回目かの操作で出力された数字が10となった。このプログラムに初期値として1、2、3をそれぞれ入力したとき、それぞれの初期値に対して7回目の操作で出力される数字を合計するといくらか。

ただし、条件に複数該当する場合は、最も番号の小さい条件だけが実行されるものとする。

［条件］
① 入力された数字が1の場合、1足す。
② 入力された数字が2の倍数の場合、3足す。
③ 入力された数字が3の倍数の場合、1引く。
④ 入力された数字が5の倍数の場合、2足す。
⑤ 条件①〜④に該当しない場合、■引く。

1 28
2 30
3 32
4 34
5 36

➡解答・解説は別冊P.075

問題5

ある企業の職員Aは、表計算ソフトを用い、60種類の商品の管理をおこなっている。下表はそのリストであり、三つの属性（商品番号、単価、個数）がそれぞれ入力されている。また、表については、次のことがわかっている。

○ 商品番号の列には、上から順に1～60の値がそれぞれ入力されている。
○ 単価の列には、上から順に900、300、600の値が繰り返し入力されている。
○ 個数の列には、上から順に50、20、40、20、30、20の値が繰り返し入力されている。

表

	商品番号	単価	個数
1行目	1	900	50
2行目	2	300	20
3行目	3	600	40
⋮	⋮	⋮	⋮
60行目	60	600	20

Aは、ある日、個数の列を昇順（数の小から大に進む順序）に並べ替えた後、商品番号が3の倍数の行を上から1行ずつ削除した。次に、単価の列を昇順で並べ替えた。このとき、最終的なリストについて確実にいえるものはどれか。ただし、この表計算ソフトで並べ替えを行う場合、三つの属性（商品番号、単価、個数）のうち一つを指定し、その属性の値に基づき、表全体を並べ替えるものであり、属性の値が一致するものについては、その並べ替えをおこなう前の順序が保たれるものとする。また、表から行を1行削除した場合、それ以降の行は、それぞれ一つ上の行に移動するものとする。

1 10行目の商品番号は、5である。
2 15行目の単価は、900である。
3 25行目の個数は、40である。
4 30行目の単価は、600である
5 40行目の商品番号は、55である。

→解答・解説は別冊P.076

問題6

東京都Ⅰ類（2022年度）

水が満たされている容量18リットルの容器と、容量11リットル及び容量7リットルの空の容器がそれぞれ一つずつある。三つの容器の間で水を順次移し替え、容量18リットルの容器と容量11リットルの容器とへ、水をちょうど9リットルずつ分けた。各容器は容量分の水しか計れず、一つの容器から別の容器に水を移し替えることを1回と数えるとき、水をちょうど9リットルずつに分けるのに必要な移し替えの最少の回数として、正しいものはどれか。

1   15回
2   16回
3   17回
4   18回
5   19回

➡解答・解説は別冊 P.078

SECTION

4 てんびん

STEP 1 要点を覚えよう！

POINT 1 3つに分けて、てんびんにかける

　定番の操作手順の一つに、複数のコインに1枚のみ偽物が混じっている場合に、てんびんを使って、重さの違いから1枚を見つけ出す問題がある。

例 外見がまったく同じコインが3枚ある。1枚だけ偽物が混じっており、偽物は本物よりも軽い。てんびんを使って偽物1枚を見つけたい場合、3枚のコインのうち、いずれか2枚をてんびんにかける。

① AとBがつり合う → **C**が偽物　　② AとBがつり合わない → **軽い方**が偽物

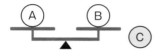 

POINT 2 全体の個数が多い場合

　1回の操作では、3個の中から偽物を見つけ出すことができる。3個を超える場合は、可能な限り個数を3等分して3つのグループをつくり、これをてんびんにかける操作をくり返す。

> **例題** 外見が全く同じコインが9枚ある。1枚だけ偽物が混じっており、偽物は本物よりも軽い。てんびんを使って偽物1枚を見つけたい場合、最少で何回このてんびんを使えばよいか。ただし、偶然見つかった場合は最低回数にしないものとする。

　まず、9枚のコインをA～Cの3枚ずつのグループに分けて、てんびんにかける。

① A グループと B グループがつり合う
　→ C グループに偽物が入っている

② A グループと B グループがつり合わない
　→軽い方に偽物が入っている

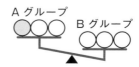

次に、偽物が入っているグループのうち、**2枚**をてんびんにかける。これで偽物を見つけることができる。

したがって、**2回**てんびんを使えばよい。

ここで 動きめる！ ▶ 個数と回数の関係

偽物が重いか軽いかわかっているときに、てんびんを使って1つだけ重さの異なるものを見つけ出す場合、最少の操作回数をnとすると、3^n枚まで見つけることが可能である。

全体の個数	最少操作回数
～3	1回
4～9	2回
10～27	3回

3、9、27、81、243と、3のべき乗の値を覚えておくと、全体の個数がどこに入るかすぐわかるよ。

POINT 3 等式・不等式を使う

重さの異なる複数の物からいくつかを選んでてんびんにかけ、重さを比較する問題も出題される。最初にてんびんの図を等式・不等式で表し、**＝（等号）**で結ばれているものは代入し、式を変形させる。

例題 重さが異なるA～Dの分銅がある。てんびんを使って重さを比べたところ図のようになった。このことから確実にいえるのはどれか。

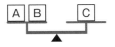 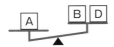 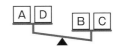

1 一番重いのはAである。
2 DはBの2つ分の重さよりも軽い。
3 AはCとDを合計した重さの半分である。

設問のてんびんの状態を、等式と不等式で表す。左から順に、①、②、③とする。
① $A + B = C$ ② $A > B + D$ ③ $A + D < B + C$
選択肢1：①より、AよりもCのほうが確実に重いため、**誤り**。
選択肢2：①より、$A = C - B$である。これを③に代入すると、$(C - B) + D < B + C$となる。両辺からCをとって整理すると、$D < 2B$となり、**正しい**。
選択肢3：①より、$B = C - A$である。これを②に代入すると、$A > (C - A) + D$となる。整理すると$2A > C + D$となり、AはCとDを合計した重さの半分よりも重いため、**誤り**。

1 外見が全く同じ金貨が7枚ある。1枚だけ偽物が混じっており、偽物は本物よりも軽い。てんびんを使って偽物1枚を見つけたい場合、最少で何回このてんびんを使えばよいか。

2回 2枚・2枚・3枚の3つのグループに分け、2枚のグループ同士でてんびんにかける。つり合う場合は3枚のグループのうち2枚を、つり合わない場合は軽い方の2枚をてんびんにかける。最少で2回の操作が必要である。

2 **1**の場合において、金貨が50枚である場合、最少で何回このてんびんを使えばよいか。

4回 公式によれば、3回で$3^3 = 27$枚まで、4回で$3^4 = 81$枚まで見つけることができるので、50枚であれば4回かかる。

3 **1**の場合において、金貨が100枚である場合、最少で何回このてんびんを使えばよいか。

5回 公式によれば、4回で$3^4 = 81$枚まで、5回で$3^5 = 243$枚まで見つけることができるので、100枚であれば5回かかる。

4 外見が全く同じ銀貨が6枚ある。1枚だけ重さの異なる偽物が混じっている。てんびんを2回使って重さを比べたところ図のようになった。A、B、Cのうち、偽物の可能性があるのはどれか。

B 本物はすべて重さが同じであるが、図は2回ともつり合っていないのでどちらにも偽物が入っている。BとDは2回とも入っているので、このどちらかが偽物であり、偽物の可能性があるのはBである。

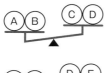

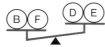

5 重さが異なるA〜Dの缶がある。てんびんを使って重さを比べたところ図のようになった。2番目に重い缶はどれか。ただし、缶の重さはすべて異なる。

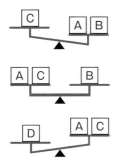

B 図を等式と不等式で表すと、上から①、②、③として、① $C<A+B$、② $A+C=B$、③ $D>A+C$となる。②を③に代入すると、$D>B$となり、②より、AとCはBよりも軽いため、2番目に重い缶は**B**である。

....

6 **5**の場合において、さらに重さを比べたところ、以下の図のようになった。このことから確実にいえるのはどれか。

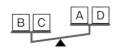

1 Aは、BとCを合わせた重さの半分である。
2 Bは、AとDを合わせた重さより重い。
3 Dは、Cの2つ分の重さよりも軽い。

3 本問のてんびんを不等式で表すと、$B+C>A+D$となる。
1 **5**の①、②、③からも本問の不等式からも、AがBとCを合わせた重さの半分であるとは確実にはいえない。
2 **5**より、$D>B$だから、$A+D>B$である。Bは、AとDを合わせた重さより軽い。
3 **5**の②$A+C=B$を設問の不等式に代入すると、$(A+C)+C>A+D$となり、整理すると$2C>D$である。DはCの**2つ分の重さより軽い**。

問題 1

特別区Ⅰ類（2019 年度）

9枚の同じ形、同じ大きさの金メダルA〜Iがある。このうち7枚は純金製で同じ重さであるが、2枚は金メッキをしたもので純金製より軽い。天秤ばかりを使って、次のア〜エのことがわかっているとき、金メッキのメダルはどれか。ただし、2枚の金メッキのメダルは同じ重さである。

ア　左にA・C・E、右にD・F・Gのメダルをのせたところつり合った。
イ　左にA・E・F、右にB・D・Hのメダルをのせたところつり合った。
ウ　左にA・E・F、右にC・D・Gのメダルをのせたところつり合わなかった。
エ　左にB・D・H、右にE・F・Iのメダルをのせたところつり合った。

1　A
2　B
3　C
4　D
5　E

➡解答・解説は別冊P.079

問題 2

警察官Ⅰ類（2017 年度）

24枚のコインのうち、1枚は偽物で本物のコインよりも軽く、他の23枚は全て本物で同じ重さである。1台の天秤を使って確実に偽物のコインを特定するために使用する天秤の最少の使用回数として、最も妥当なものはどれか。

1　2回
2　3回
3　4回
4　5回
5　6回

➡解答・解説は別冊P.080

問題 3
消防官Ⅰ類（2022年度）

大きさ、形、色が全く同じコインが90枚ある。その中の89枚は本物で重さはすべて同じだが、1枚だけ偽物が混じっており、偽物は本物のコインよりも軽い。天秤ばかり1台を使ってこの偽物1枚を確実に見つけ出すとき、天秤ばかりを使用する最少の回数として、最も妥当なものはどれか。ただし、偶然わかった場合は最少の回数としないものとする。

1　3回
2　4回
3　5回
4　6回
5　7回

➡解答・解説は別冊P.081

問題 4
裁判所職員（2020年度）

外見はまったく同じチョコレートが8個あり、そのうち6個は12ｇ、2個は11ｇであることがわかっている。上皿てんびんを使って11ｇのチョコレート2個を探し出したいが、偶然によらず確実に見つけ出すには、最低何回てんびんを使う必要があるか。

1　3回
2　4回
3　5回
4　6回
5　7回

➡解答・解説は別冊P.082

CHAPTER

図形・空間把握

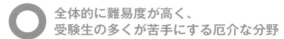

この章で学ぶこと

⬤ 全体的に難易度が高く、受験生の多くが苦手にする厄介な分野

　ここで扱うのは、数的推理で登場する図形と異なり、**計量以外の問題**がメインとなっています。例えば「立体図形を展開図にしたものとして正しいのはどれか」「立体を真上から見た図として正しいのはどれか」「図形を回転させたときの軌跡として正しいのはどれか」など、面積や長さではなく「状況」を答えさせるものになります。

　難易度が特に高くなりやすく、極端な問題になると「イメージして解くしかない」というものまで登場します。したがって、基本的にここで学習する分野は、もともと得意な受験生であれば別として、あまり安定した得点源として期待しないほうが無難だといえます。

⬤ まずは選択肢を切れるだけの知識を身につける

　空間把握などの問題で多くの受験生がよくやりがちなのが「頭の中で展開図や切断面などをイメージして解こう」とすること。しかし、これは最もまずい解き方です。イメージで解こうとすると、当然不正確な部分も出てくるし、何より安定しません。したがって、**頭の中で想像して解くのは最後の手段**にしましょう。

　少しでも得点率を上げるのであれば、まず考えるべきなのは「客観的におかしい部分を探して消去法を使うこと」です。空間把握は基本的に展開図を組み立てたりもしないし、図形を頭の中で回転させることもしません。まずは**特徴を掴んだうえで、分析して解く**ものであることを肝に銘じてください。そのためには解くための知識が必要になります。まずは知識をインプットすることから始めましょう。

⬤ 難易度が特に高い出題テーマは全体の正答率も下がるので無理をしない

　いくら知識を身につけたとしても、選択肢が絞れないこともあります。したがって、**最終的には想像で考えるしかない**ことになりますが、これは他の多くの受験生も同じ状態に陥っていると考えてよいでしょう。本書のSTEP 3でもかなり難易度の高い問題が掲載されていますが、解説を読んで「これは無理だな……」と思う問題もあるはずです。そのような問題がいくらでも出てきてしまうのが空間把握なので、くれぐれも無理をせず、可能な限りで学習を広げてください。

国家一般職

　本章に該当する問題は、1問も出題されない年もあり、全体的に出題頻度は低めである。出題されても一定の傾向がないため、幅広く押さえておくとよいだろう。もちろん、いざ出題されると難易度は非常に高くなるので注意してほしい。

国家専門職

　傾向としてはほぼ国家一般職と同様である。例年1～2問程度の出題で、顕著な出題傾向はない。幅広くさまざまなテーマを押さえつつ、くれぐれも無理をしないように対策してほしい。

地方上級

　特徴的な傾向として、軌跡はよく出題されている。簡単なものもあるので、軌跡を検討するうえでの着眼点を確認して、正しく使いこなせるように練習しておきたい。

裁判所職員

　展開図関連の出題が比較的多いものの、出題数は年によって波がある。軌跡や投影図なども過去に出題実績があるので注意しておきたい。

東京都Ⅰ類

　例年4問程度がここから出題され、特に軌跡や回転系の問題、パズルの問題などが比較的出題されやすい。特に過去問を似たような形で作り替えて再度出題する傾向があるので、過去問をさかのぼっておくことをおすすめする。

特別区Ⅰ類

　軌跡や図形を回転させるタイプの問題は毎年1問出題されている。難易度が低いこともあるので、ぜひ得点できるように準備したい。パズルの問題や、切断面の面積の問題なども繰り返し出題されているので、やはり過去問演習が重要といえる。

市役所

　全体的に幅広く出題されているが、特に軌跡や図形を回転させるタイプの問題は出題頻度が高い。

SECTION

1 軌跡・一筆書き

STEP 1 要点を覚えよう！

POINT 1 軌跡

　図形が直線上を回転する際に、図形上に打たれた点の軌跡を問われた場合、1回転するまでに**円弧**がいくつできるかをつかみ、**回転の中心**と**回転角**を確認しながら軌跡を考える。

① 多角形の場合

　例えば、三角形が直線上を1回転するとき、**頂点の軌跡は円弧が2つ**、頂点以外の点の軌跡は**3つ**となる。回転角は、回転の中心となる頂点の**外角**と等しい。

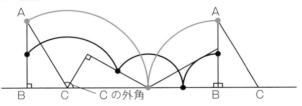

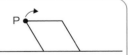

ここで**動き出る！** ▶ 円弧の数と中心角

　多角形が直線上を回転する時、角の数をnとすると、
・**円弧の数**：頂点の場合は**$n-1$**、頂点以外の場合は**n**。
・**円弧の中心角**：回転の中心となる頂点の**外角**。

> **例題** 右図のように、正三角形が2つ合わさった平行四辺形が直線上を滑ることなく転がるとき、点Pの描く軌跡として正しいものは次のうちどれか。
>
> ① 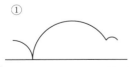 ②  ③

　点Pは頂点であり、円弧の数は4－1＝**3つ**となるはずなので、③は不適切である。

　また、点Pが直線に接するのは1回目ではなく**2回目**の回転なので、①は不適切である。したがって、正解は②である。

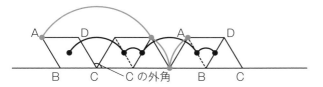

② 円の場合

直線上を1回転するとき、円の中心の軌跡は**直線**となり、円周上の点の軌跡は**サイクロイド**と呼ばれる曲線となる。

③ おうぎ形の場合

直線上を1回転するとき、直線に接している部分により、**多角形**の軌跡と円の軌跡をつなげたものになる。

POINT 2 一筆書き

ある図形が一筆書きできるか問われた場合、図形の中の点に**何本の線が集まっているか**を確認して解く。

偶数本の線が集まっている点を**偶数点**、奇数本の線が集まっている点を**奇数点**という。一筆書きができるのは、奇数点が **0** 個または **2** 個のときである。

奇数点が **0** 個で偶数点だけのときは、どの点を**始点**にしても一筆書きができる。

奇数点が **2** 個のときは、どちらかが**始点**、もう一方が**終点**になる。

例 各図形中の各点に集まっている線の本数を数え、奇数点の数を確認する。

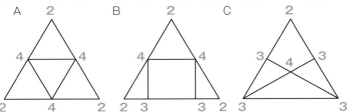

A は奇数点が **0** 個、B は奇数点が **2** 個なので、いずれも一筆書きができる。

C は奇数点が **4** 個なので、一筆書きはできない。

1 図のような正三角形が直線上を滑ることなく1回転するとき、点Pは何個の円弧を描くか。

2個 n角形が直線上を回転するときに、頂点が描く円弧の数は$n-1$個である。図は三角形なので$3-1=$ 2個である。

2 図のような正方形が直線上を滑ることなく1回転するとき、点Pは何個の円弧を描くか。

4個 n角形が直線上を回転するときに、頂点以外の点が描く円弧の数はn個である。図は四角形なので4個である。

3 図のような直角二等辺三角形が直線上を滑ることなく右に回転するとき、点Pが描く1つ目の円弧の中心角はいくつか。

135° 点P以外の頂点をA、Bとする。円弧の中心角は、回転の中心となる頂点の**外角**と同じである。図は直角二等辺三角形なのでBの内角は45°、Bの外角は**135°**である。

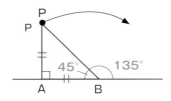

4 **3**の場合において、点Pが描く2つ目の円弧の中心角はいくつか。

90° 1回目の回転で点Pが直線に接するため、2回目の回転は点Pが回転の中心となり、点Pは円弧を描かない。3回目の回転の中心はAで、外角は**90°**である。これが2つ目の円弧の中心角にあたる。

5 **3**の場合において、三角形が直線上を1回転するまでの、点Pの軌跡の長さとして正しいものはどれか。ただし、点Pから直線までの垂直な距離を1とする。

1 $(1/2 + 3\sqrt{2}/4)\pi$
2 $(1/2 + 2\sqrt{2})\pi$
3 $(3/4 + \sqrt{2}/4)\pi$

1 1回転するまでの軌跡は下図のようになる。条件より$PA = 1$、三平方の定理より$PB = \sqrt{2}$である。円弧の長さ＝**直径×中心角÷360×**πなので、円弧アの長さは、$2\sqrt{2}\times135÷360×\pi$、円弧イの長さは、$2×90÷360×\pi$である。整理すると、$(1/2 + 3\sqrt{2}/4)\pi$となる。

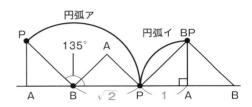

6 次のA～Cの3つの図形のうち、一筆書きできるものをすべて答えよ。

A B C

C 各図形の奇数点の数を確認する。奇数点に▲をおくと、以下のようになる。

　AとBは奇数点が**4個**なので一筆書きはできない。Cは奇数点が**0個**なので一筆書きができる。

7 次のA～Cの3つの図形のうち、一筆書きできるものをすべて答えよ。

A B C

A、B 各図形の奇数点の数を確認する。奇数点に▲をおくと、以下のようになる。

　AとBは奇数点が**2個**なので一筆書きができる。Cは奇数点が**4個**なので一筆書きはできない。

STEP 3 過去問にチャレンジ！

問題 1

特別区 I 類（2021 年度）

次の図のように、半径6 a、中心角90°の扇形が直線上を矢印の方向に滑ることなく1回転したとき、図中の点Pが描く軌跡として最も妥当なものはどれか。

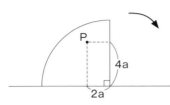

1

2

3

4

5

➡解答・解説は別冊 P.084

問題2

下図のように、半径1cm、中心角60°の扇形が、直線と半径1cmの半円を組み合わせた図形の線上を、下図の位置から滑らないように矢印の方向へ点Qの位置まで回転した。このとき、この扇形上にある点Pの軌跡を太線で表した形として、最も妥当なものはどれか。

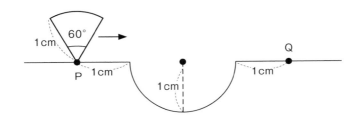

1

2

3

4

5

➡解答・解説は別冊P.084

問題3

特別区Ⅰ類（2022年度）

次の図のように、半径r、中心角60°の扇形Aと、半径r、中心角120°の扇形Bがある。今、扇形Aは左から右へ、扇形Bは右から左へ、矢印の方向に、直線ℓに沿って滑ることなくそれぞれ1回転したとき、扇型A、Bそれぞれの中心点P、P′が描く軌跡と直線ℓで囲まれた面積の和として妥当なものはどれか。

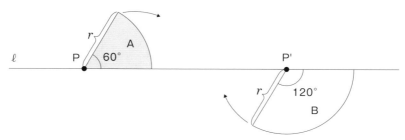

1 $\dfrac{1}{3}\pi r^2$

2 π / r^2

3 $\dfrac{3}{2}\pi r^2$

4 $2\pi r^2$

5 $\dfrac{7}{3}\pi r^2$

→解答・解説は別冊P.085

問題 4

下の図のように、一辺の長さaの正三角形が、一辺の長さaの五つの正方形でできた図形の周りを、正方形の辺に接しながら、かつ、辺に接している部分が滑ることなく矢印の方向に回転し、一周して元の位置に戻るとき、頂点Pが描く軌跡の長さとして、正しいものはどれか。ただし、円周率はπとする。

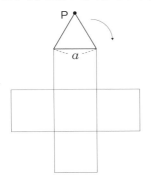

1   $\dfrac{26}{3}\pi a$

2   $9\pi a$

3   $\dfrac{28}{3}\pi a$

4   $\dfrac{29}{3}\pi a$

5   $10\pi a$

➡解答・解説は別冊P.086

下図において正三角形ABPの頂点AはXO上を、頂点BはYO上を矢印の方向に動くとすると、頂点Pはどのような軌跡を描くか。

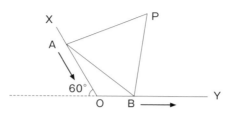

1

2

3

4

5

➡解答・解説は別冊 P.087

STEP 3

過去問にチャレンジ！

問題 6

次の図のように、重心Oを中心として矢印の方向に等速度で1分間に1回転している正三角形がある。今、正三角形の重心Oを通る直線AB上を、点Pが位置Aから位置Bまで1分間かけて等速度で進むとき、点Pが描く軌跡はどれか。

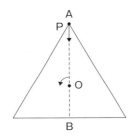

1

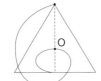

2

3

4

5

➡️解答・解説は別冊 P.088

問題 7

警察官Ⅰ類（2019 年度）

半径1cmの円が、図のAの位置からHの位置まで滑らずに回転しながら移動するとき、円の中心の軌跡の長さとして、最も妥当なものはどれか。ただし、AB、BC、CD、EF、GHの長さは5cm、DEは10cm、曲線FGは半径5cmで中心角が90°の扇形の円弧であり、円周率はπであるものとする。

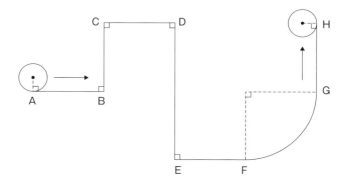

1　$(28 + 3\pi)$ cm
2　$(28 + 4\pi)$ cm
3　$(31 + 3\pi)$ cm
4　$(35 + 3\pi)$ cm
5　$(35 + 4\pi)$ cm

➡解答・解説は別冊 P.089

問題 8

東京都Ⅰ類（2022年度）

下の図A～Eのうち、始点と終点が一致する一筆書きとして、妥当なものはどれか。
ただし、一度描いた線はなぞれないが、複数の線が交わる点は何度通ってもよい。

A

B

C

D

E

1　A
2　B
3　C
4　D
5　E

➡解答・解説は別冊P.090

問題 9

消防官Ⅰ類（2022 年度）

点Pからすべての交点を1回ずつ通って再び点Pに戻る経路が存在しないものとして、最も妥当なものはどれか。

1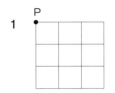

2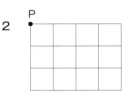

3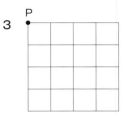

4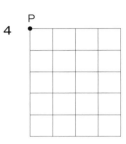

5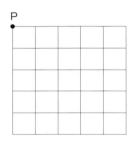

➡解答・解説は別冊 P.091

問題 10

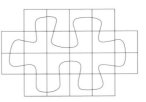

正方形20個を組み合わせてできた図形について、図1の図形については図2のように全ての正方形を1回ずつ通るように環状のひもを置くことができる。同様に全ての正方形を1回ずつ通るように環状のひもを置くことができる図形として、最も妥当なものはどれか。

図1　　　　　　　　　　　　　　　図2

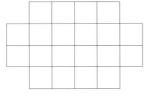

1　　　　　　　　　2　　　　　　　　　3

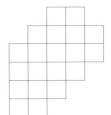 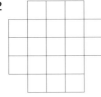 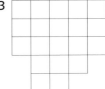

4　　　　　　　　　5

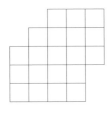 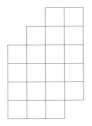

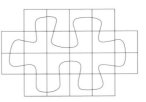
➡解答・解説は別冊 P.092

問題 11

裁判所職員（2019年度）

図はSからスタートし、全てのマス目を1度だけ通りGでゴールするコースを表わしている。そのようなコースを設定することが可能であるものは次のうちどれか。ただし、×のマス目は通らないものとする。

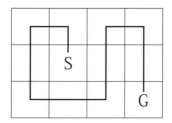

1

2
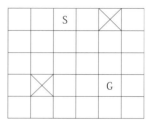

3
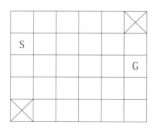

4
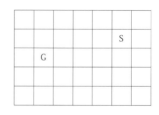

5
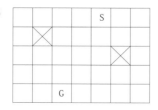

➡解答・解説は別冊 P.093

問題12

消防官Ⅰ類（2019年度）

下の図のような正十二面体において、1つの頂点から出発し、一度通った辺を通らないようにして全ての頂点を通過して出発点に戻るとき、通らないですむ辺の最大の本数として、最も妥当なものはどれか。

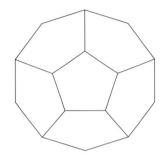

1　5本
2　8本
3　10本
4　13本
5　15本

➡解答・解説は別冊P.094

SECTION

2 展開図・折り紙

STEP 1 要点を覚えよう！

POINT 1 展開図とは

立体を切り開いて広げた形を**展開図**という。展開図の問題では、特に**正多面体**（合同な正多角形で構成された立体）において平行な2面を確認することが多く、正六面体と正八面体は出題頻度が高いので、以下の知識は押さえておくとよい。

①正六面体…正方形6枚でできた立体（いわゆる立方体）

　一列に3枚並んだ正方形の両端が平行な2面になる。以下の同じ丸数字が平行な2面である。

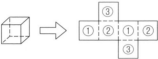

②正八面体…正三角形8枚でできた立体

　一列に4枚並んだ正三角形の両端が平行な2面になる。以下の同じ丸数字が平行な2面である。

POINT 2 展開図の変形

　展開図は、変形によって面の位置を移動させることができる。変形する場合は、**2つの面が共有する辺**で回転させる。

例 立方体の展開図の変形…90°の位置に回転移動できる。

ここで**動き始める！** 回転移動できる角度

正多面体の場合、正四面体は**180°**、正六面体は**90°**、正八面体は**120°**、正十二面体は**36°**、正二十面体は**60°**と決まっている。なお、正多面体の詳細については後述する。

例題 下の展開図を組み立てたときにできる立体はどれか。

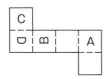

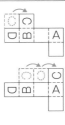

1 「B」と「C」で共有する辺で回転させると右の図のようになり、1の立体とは「B」に対する「C」の向きが異なるので、不適切。

2 「C」をさらに回転させていくと右の図のようになり、2の立体とは「A」に対する「C」の向きが異なるので、不適切。

3 2より、「A」に対する「C」の向きは合っている。また、「A」と「D」は組み立てると隣り合うが、その位置関係は右の図のようになり、3の立体は適切である。

POINT3 折り紙

一枚の紙を何回か折ってその一部を切り取り、その後に紙を再び開いた状態にして現れる模様を推測する問題である。

例題 正方形の紙を、図のように点線を折り目として順に折り、色を塗った部分を切り取った。この紙を開いたときの図として正しいものはどれか。

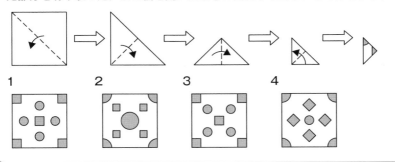

最後の状態から**折り目と線対称に戻していけ**ばよい。色を塗った部分が一致するのは、**2**である。

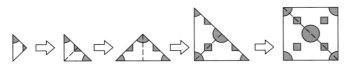

1 下の図のような立方体の展開図を組み立てたとき、点Aと重なる点を全て答えよ。

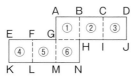

F 点Aのある①の面を左方向に回転させると、点Fに重なる。

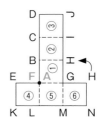

2 **1**の図において、組み立てたときに②と向かい合う面はどれか。

⑤ 一列に3枚並んだ正方形の両端は平行に向かい合う。⑤の面を下図のように回転させるとその位置となり、向かい合うことがわかる。

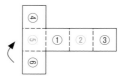

3 下の図のような2つの面に記号が書かれた正四面体がある。ア〜ウのうち、この展開図として適切なものをすべて答えよ。

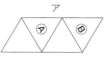

ア

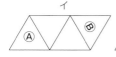

イ　ウ

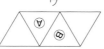

イ アは、Ⓑの面を回転させると、Ⓐに対するⒷの**向き**が不適切。

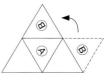

イは、Ⓑの面を回転させると、設問の図のとおりとなり、**適切**。

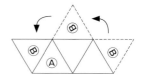

ウは、上下をひっくり返してみると、Ⓐに対するⒷの**向き**が不適切。

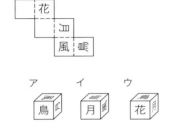

4 下の展開図を組み立てたときにできる図として、ア〜ウのうち、適切なものをすべて答えよ。

ア、ウ アは、「鳥」に対する「風」と「月」の向きが合い、適切。
イは、「月」に対する「風」の向きは合っているが、「鳥」は向きが逆で、不適切。
ウは、「花」に対する「月」と「鳥」の向きが合い、適切。

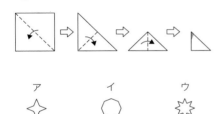

5 折り紙を図のように折り、色を塗った部分を切り取った。折り紙を広げたとき、ア〜ウのうち、切り取った部分の形として適切なものはどれか。

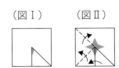

ア 最後にできた三角形はもとの折り紙の三角の部分にあたる（図Ⅰ）。これを開いていく（図Ⅱ）。

（図Ⅰ）　（図Ⅱ）

6 折り紙を図のように折り、色を塗った部分を切り取った。折り紙を広げたとき、全円と半円はそれぞれいくつあるか。

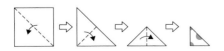

全円5つ、半円4つ 最後にできた三角形はもとの折り紙の三角の部分にあたる（図Ⅰ）。これを開いていく（図Ⅱ）。全円は**5つ**、半円は**4つ**である。

（図Ⅰ）　（図Ⅱ）

STEP 3 過去問にチャレンジ！

特別区Ⅰ類（2022年度）

問題 1

次の図のような展開図を立方体に組み立て、その立方体をあらためて展開したとき、同一の展開図となるのはどれか。

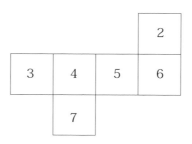

1

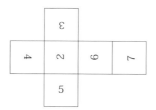

2

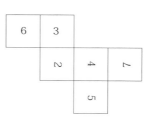

3

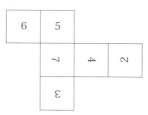

4

5

→解答・解説は別冊P.095

問題2

東京都Ⅰ類（2022年度）

下の図のような円すい台の展開図として、妥当なものはどれか。

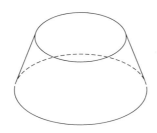

1

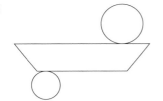

2

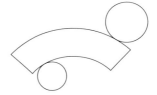

3

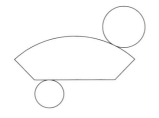

4

5

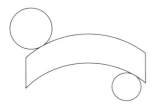

➡解答・解説は別冊P.096

警察官Ⅰ類（2022年度）

下図は立方体の2つの角を切り落としてできた立体である。この立体の展開図として最も妥当なものはどれか。

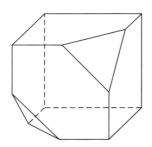

1
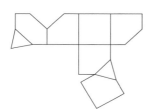

2
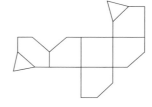

3
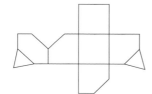

4
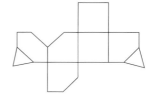

5
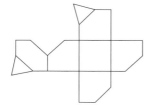

➡解答・解説は別冊P.097

問題 4

下の正八面体の展開図を組み立てたとき、他と異なるものとして、最も妥当なものはどれか。

1
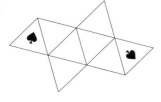

2
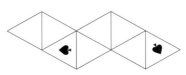

3

4
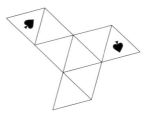

5
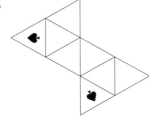

➡解答・解説は別冊P.098

問題 5

国家専門職（2020 年度）

図のような三面のみに模様のある正十二面体の展開図として最も妥当なものは次のうちではどれか。ただし、展開図中の点線は、山折りになっていた辺を示す。

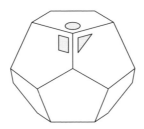

1
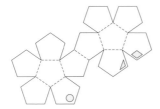

2
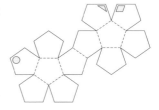

3
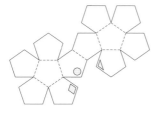

4
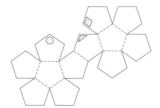

5
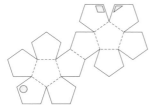

➡解答・解説は別冊 P.099

問題6

立方体の各辺の中点を結んでできる立体がある。この立体の正面から見える2面に、図のように矢印と●の模様をつけた。展開図において、●の位置として正しいものはア～オのうちどれか。

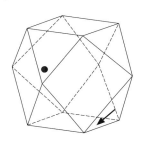

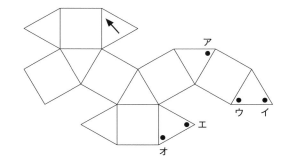

1　ア
2　イ
3　ウ
4　エ
5　オ

➡解答・解説は別冊P.100

問題 7

正方形の透明なシートに、いくつかの直線が描かれている。③の形になるよう、このシートを、図のように①→②→③の順で破線部分で2回谷折りしたところ、④の模様が見えた。このとき、シートに描かれていた直線を表す図として最も妥当なものは、次のうちではどれか。ただし、シートは裏返さないものとする。

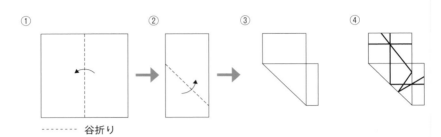

- - - - - - - 谷折り

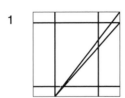

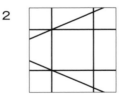

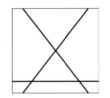

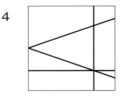

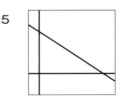

➡解答・解説は別冊P.101

問題 8

ある正方形の紙の表裏には、同じ大きさのマス目が描かれている。今、図Iのように1〜36の数字を表面に記入した後、図IIのように点線に従って4回折り、斜線部を切り取ったとき、切り取った紙片の数字の和はどれか。

図 I

1	2	3	4	5	6
20	21	22	23	24	7
19	32	33	34	25	8
18	31	36	35	26	9
17	30	29	28	27	10
16	15	14	13	12	11

図 II

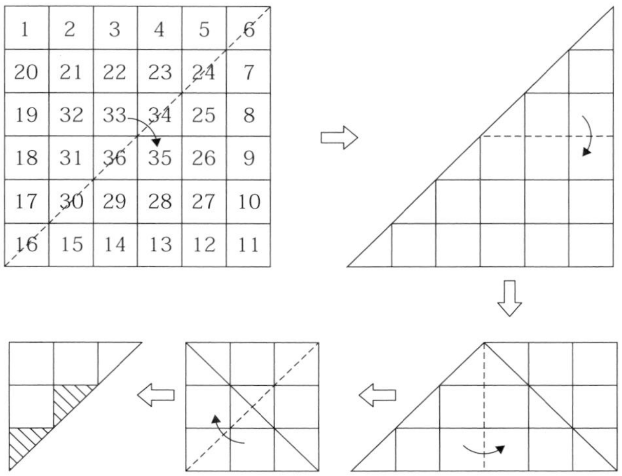

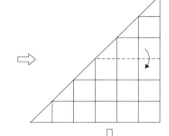

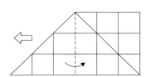

1　144
2　154
3　158
4　162
5　166

➡ 解答・解説は別冊 P.102

サイコロ・積み木・正多面体

STEP 1 要点を覚えよう！

POINT 1 サイコロ

サイコロを並べた図から、**見えない面のサイコロの目**を推測する問題が多い。「**接している面の目の数が同じ**」などが条件として出される場合がある。

通常のサイコロは向かい合う面の目の数の和は7となるが、問題では注記がない限り、そのような設定はない。

> **例題** 右の図のようにサイコロが並んでいるとき、AとBの目の数の和はいくつか。ただし、接している面の数は同じであり、向かい合う面の数の和は7であり、サイコロはすべて同種のものである。

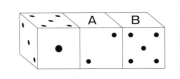

サイコロを上から押し潰したような「五面図」を使えば、面の位置の把握がしやすい。以下のように五面図を描く。向かい合う面の和が7、接する面の数が同じということから、以下の図が描ける。

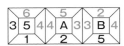

AやBは、数の並びから調べるとよい。例えば左端のサイコロの4、5、6の目の集まった頂点に着目すると、**時計回り（右回り）に4→5→6と並んでいる**。これをAとBについても確認すると、以下のようにどちらも時計回り（右回り）に**4→5→A、4→5→B**という並びになっている。したがって、AとBにはどちらも**6**が入ることがわかる。

よって、AとBの目の和は6＋6＝**12**である。

POINT 2 積み木

立方体を積み上げたものを複数の方向から見て、**最大・最少**で立方体がいくつあるかを推測する問題が多い。

例題 同じ大きさの立方体が積み上げられたものを、正面と真上から見ると、図のようになる。立方体の数として考えられる最大の数と最少の数の差はいくらか。

正面から見た図　　真上から見た図

真上から見た図を使って検討する。

最大数となるのは、真上から見た立方体のすべてに、**正面から見た数**で積まれた場合である。真上から見た図にその数を書き込むと、右の図のようになり、最大の数は**16個**である。

次に、最小数となるのは、真上から見た各列において**1つのみが正面から見た数**で積まれ、**他は1個**の場合である。真上からの図にその数を書き込むと、右の図のようになり、最少の数は**11個**である。

最大の数と最少の数の差は、16−11＝**5**である。

POINT 3 　正多面体

正多面体とは、すべての面が同じ正多角形で構成され、かつ、すべての頂点に集まる面の数が等しい多面体のことである。以下の5種類がある。

名称	正四面体	正六面体	正八面体	正十二面体	正二十面体
見取図					
面の形	正三角形	正方形	正三角形	正五角形	正三角形
1つの頂点に集まる面の数	3	3	4	3	5
面の数	4	6	8	12	20
辺の数	6	12	12	30	30
頂点の数	4	8	6	20	12

ここで動きを止める！ 　正多面体の双対性

「正多面体の全ての面の重心を内部で結んでできる立体は正多面体になる」という性質である。あまり問われることはないが、念のため押さえておくとよい。正四面体には正四面体、正六面体には正八面体、正八面体には正六面体、正十二面体には正二十面体、正二十面体には正十二面体ができる。「正六面体と正八面体」「正十二面体と正二十面体」でセットになっている、と覚えるとよい。

1 下の図のようにサイコロが並んでいるとき、Aの目の数はいくつか。ただし、接している面の数は同じであり、向かい合う面の数の和は7であり、サイコロはすべて同種のものである。

3 五面図を描くと、以下のようになる。しかし、面の並びがわからないので、**左のサイコロを手前に1回転がすとよい**。これで2と6が見える状態になり、右のサイコロによれば**時計回り（右回り）に2→6→4**がある。左のサイコロだと時計回り（右回り）に2→6→（Aと平行）があるので、Aと平行な面の数は4である。したがって、Aは**3**である。

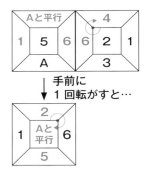

2 **1**の2つのサイコロの上に、図のように2つのサイコロを積み上げる。設問1と同じ条件のとき、BとCの目の数の和はいくつか。

12 積み上げた2つのサイコロも五面図にすると、以下のようになる。

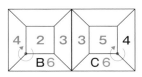

左のサイコロは**時計回り（右回り）に2→B→4**と並ぶ頂点があり、これは**1**の2→6→4と同じ並びであることから、B＝**6**である。
右のサイコロは**時計回り（右回り）に4→C→5**と並ぶ頂点に着目する。**1**に（Aと平行な面＝4）→6→5と並ぶ頂点があることから、C＝**6**である。よって、和は6＋6＝**12**である。

3 同じ大きさの立方体が積み上げられたものを、正面と真上から見ると、図のようになる。立方体の数の、最大と最少の数の差はいくつか。

5 最大数は、真上から見た立方体のすべてに**正面から見た数**が積まれた場合で図1となり**16個**である。最少数は、真上から見た各列において**1つのみが正面から見た数**で積まれた場合で図2となり**11個**である。16－11＝5で、差は**5**である。

正面から見た図　　真上から見た図　　　　　　図1　　　　　　　図2

4 正十二面体の面は、どのような図形で構成されているか。

正五角形　正十二面体の面は、正五角形で構成されている。

5 正二十面体の面は、どのような図形で構成されているか。

正三角形　正二十面体の面は、正三角形で構成されている。

6 正十二面体の辺と頂点の数を求めよ。

辺：30、頂点：20　正十二面体は**正五角形**で構成され、12の面にそれぞれ5つの辺がある。辺は隣り合う面と重なっているので2で割る。12×5÷2＝30より、辺の数は**30**である。頂点の数はオイラーの定理「頂点の数－辺の数＋面の数＝2」で求めることができる。頂点の数－30＋12＝2なので、頂点の数は**20**である。

STEP 3 過去問にチャレンジ！

STEP 3

過去問にチャレンジ！

問題 1

特別区Ⅰ類（2021年度）

次の図Ⅰのような展開図のサイコロがある。このサイコロを図Ⅱのとおり、互いに接する面の目の数が同じになるように4個床に並べたとき、床に接した4面の目の数の積はどれか。

図Ⅰ

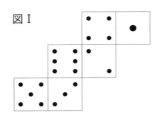

図Ⅱ

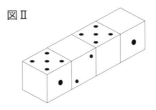

1	8	2	12	3	20
4	48	5	120		

➡解答・解説は別冊P.103

問題 2

裁判所職員（2020年度）

Ⅰ図のような展開図を持つサイコロ5個を、接し合う面の目の和が8になるようにⅡ図のように積んだ。Xの目はいくつか。

Ⅰ図

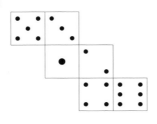

Ⅱ図

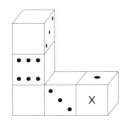

1	2	2	3	3	4
4	5	5	6		

➡解答・解説は別冊P.104

問題3

東京都Ⅰ類（2021年度）

同じ大きさの立方体の積み木を重ねたものを、正面から見ると図1、右側から見ると図2のようになる。このとき、使っている積み木の数として考えられる最大の数と最小の数の差として、妥当なものはどれか。

正面

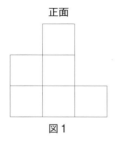

右側

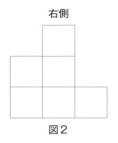

図1

図2

1　0　　　2　2　　　3　4
4　6　　　5　8

➡解答・解説は別冊P.105

問題4

警察官Ⅰ類（2019年度）

下図のような、正八面体がある。この正八面体の辺ABとねじれの位置にある辺の本数として、最も妥当なものはどれか。

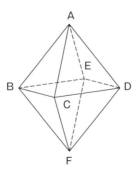

1　4本　　　2　5本　　　3　6本
4　7本　　　5　8本

➡解答・解説は別冊P.106

問題 5

国家一般職（2021 年度）

図 I の正二十面体の各辺を3等分して、図 II のように灰色で塗られた各頂点を含む部分（正五角錐）を全て取り除くと、図 III のような多面体ができる。

正二十面体の面は20個、頂点は12個、辺は30本である。このとき、図 III の多面体の面、頂点、辺の数の組み合わせとして妥当なものはどれか。

図 I

図 II

図 III

	面（個）	頂点（個）	辺（本）
1	32	50	80
2	32	60	90
3	32	72	100
4	36	48	90
5	36	60	100

➡解答・解説は別冊 P.106

問題 6

警察官 I 類（2020 年度）

正八面体があり、各辺の中点を頂点とする多面体を内部に作った。この多面体に関する記述として、最も妥当なものはどれか。

1 辺の数は18本である。
2 面の数は12面である。
3 頂点の数は正十二面体と同じである。
4 辺の数は正十二面体と同じである。
5 頂点の数は正二十面体と同じである。

➡解答・解説は別冊 P.107

問題7

裁判所職員（2017年度）

正四面体、正六面体及び正八面体がある。これらの立体の1つの角を切り取ると、新たな多面体ができる。その多面体を（頂点の数、辺の数、面の数）で表す。例えば、下の図のように正四面体の1つの角を切り取ると、図のように（6、9、5）の多面体ができる。こうしてできた多面体に対して、さらに1つの角を切り取るという操作を何度も繰り返し、頂点の数が100となる多面体を作るとき、適当なものはどれか。

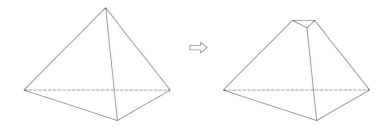

1　正四面体の場合、（100、148、50）の多面体ができる。
2　正六面体の場合、（100、152、54）の多面体ができる。
3　正八面体の場合、（100、137、39）の多面体ができる。
4　正四面体及び正六面体のいずれも（100、150、52）の多面体ができる。
5　正六面体及び正八面体のいずれも（100、140、40）の多面体ができる。

➡解答・解説は別冊 P.108

4 立体の切断・投影図

STEP 1 要点を覚えよう！

POINT 1 立体の切断

　立体に切断線を作図することで切断面を把握して解く問題が多い。作図の手順は覚えておこう。

① 同一平面上に切断点がある場合、その切断点を直線で結ぶ。

② ①の直線を描いた面と平行な面に切断点があれば、その点から①の直線と平行に直線を伸ばす。

例 以下の立方体を、3点 ABC を通るように切断するとき、切断面はどのようになるか。

 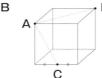

①上面の A と B、前面の A と C が同一平面上なので、これを直線で結ぶ。

②上面に引いた AB と平行な面である下面に切断点 C があるので、AB と平行に（同じ傾きで）C から直線を伸ばす。必ず「どれくらいずれているのか」を確認すること。立方体のへりの部分がさらに切断点 D となる。

③右側面の B と D が同一平面上なので、これを直線で結ぶ。

　問題によっては①も②もできなくなることがあるから、そのときは辺や面を延長させて考えよう。ちなみに、切断線は必ず面に描かれるので、立体内部を突っ切って描いてはダメだよ。

POINT 2 切断面の代表例

立方体の切断面としては、以下の例を押さえておくとよい。

三角形　　　　　　四角形　　　　　　五角形　　　　　　六角形

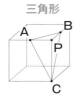

特に、六角形は辺の中点6か所を結ぶと**正六角形**になる。

POINT 3 投影図

　投影図とは、ある方向から見た立体を平面に表した図である。立体を**真上**から見た図を**平面図**、**正面**から見た図を**正面図（立面図）**、側面から見た図を**側面図**という。左下の見取図を投影図にすると、右下のようになる。

見取図

正面図　　　　　平面図　　　　　右側面図

　正面や真上、側面から見ることで、頂点や辺がどの向きだとどこに位置するか、対応を正確に見る必要がある。上下、左右、前後を書き入れながら検討するとよい。

例題 次の図は、ある立体の正面図と平面図である。この立体を右側面から見た図として、妥当なものは①と②のうちどちらか。

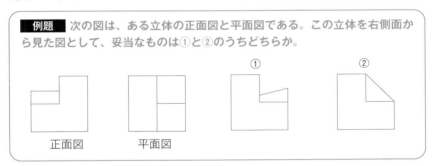

正面図　　　　平面図

　問題の投影図に**上下**、**左右**、**前後**を書き入れると、以下のようになる。①と②では、右側面に見えている L 字の部分は共通するものの、**最後部が①は②より高くなっている点**に違いがある。

　これを正面図から確認する。高くなっている部分は右側面から見て L 字よりも奥にあるので、左側に位置する。**正面図で左側を見ると、確かに高くなっている場所がある**ため、これが右側面から見えているものと考えられる。よって、①のほうが妥当である。

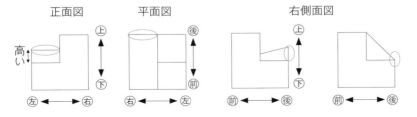

正面図　　　平面図　　　　　　右側面図

1 立方体を1つの平面で切断した場合にできる切断面について、次の①〜④のうち不適切なものをすべて選べ。

①ひし形
②正五角形
③二等辺三角形
④七角形

②、④ 立方体を1つの平面で切断すると、切断面が**ひし形**と**二等辺三角形**になる場合がある。②の**正五角形**は、辺の長さをすべて等しく切断できないため不適切。正五角形以外の五角形になることは ある。④の**七角形**は、1つの面にできる切断線は1本までなので、正六面体である立方体にはできない。

2 下の正四面体を、点P、Q、Rを通る平面で切断した場合にできる切断面の図形を答えよ。なお、点P、Q、Rはすべて辺の中点である。

正方形 辺PQと辺RSは**平行**であり、辺PRと辺QSも**平行**である。4辺の長さは**等しく**、PSとQRの長さも**等しい**。そして、PQとPRは**垂直**である。よって、**正方形**である。

3 下の正八面体を、点P、Q、Rを通る平面で切断した場合にできる切断面の図形を答えよ。なお、点P、Q、Rはすべて辺の中点である。

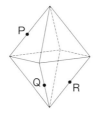

正六角形 下図のような切断面ができる。点P、Q、Rを通る平面と正八面体の交差する点は、すべて辺の**中点**である。よって正六角形である。

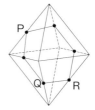

4 下の図は、ある立体の見取図である。この立体の平面図として適切なものは、ア～ウのうちどれか。

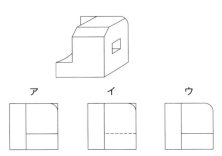

ア イ の点線は、真上から見える部分なので**実線**でなければならない。**ウ** の右上部分は、曲線の他に真下の角が**直角**で表されるはずである。

5 **4** の立体の正面図として適切なものは、ア～ウのうちどれか。

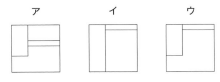

ウ 正面から見て、左側は下の方で区切れるので、一番下まで線が通っている**イ**は不適切。右側は、正面から見ると、上端の折れ目は一番上の線と重なり、その手前の折れ目しか見えないので、**ウ**が適切で、**ア**は不適切である。

6 **4** の立体の右側面図として適切なものは、ア～ウのうちどれか。

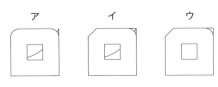

ウ 右側面のくり抜かれている部分は、貫通していれば**ア**と**イ**、途中で止まっていれば**ウ**の表し方になるが、見取図からはわからない。**ア**は、左上が曲線となっているので不適切。**イ**は右上の直角の中に実際には見えない線が描き込まれているので不適切。

過去問にチャレンジ！

問題1

警察官Ⅰ類（2022年度）

下図のような立方体ABCD－EFGHがあり、辺BCの中点をMとする。この立方体を、3点D、E、Mを通る平面で切断して2つの立体に分け、頂点Aを含む立体を取り除く。次に、残った立体を、さらに3点D、G、Mを通る平面で切断して2つの立体に分け、頂点Cを含む立体を取り除く。残った立体の辺の数と面の数の組み合わせとして、最も妥当なものはどれか。

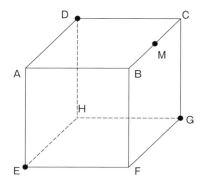

1 辺の数：10、面の数：6
2 辺の数：10、面の数：7
3 辺の数：12、面の数：6
4 辺の数：12、面の数：7
5 辺の数：12、面の数：8

➡解答・解説は別冊P.109

問題 2

下の図は、正八面体であり点A、B、Cは、各辺の中点である。この正八面体を、点A、B、Cを含む平面で切断し、頂点Pを含む立体を矢印の方向から見たときの図として、最も妥当なものはどれか。

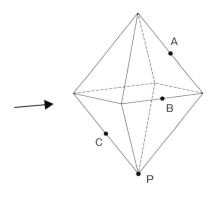

1
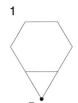

2

3

4
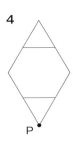

5

➡解答・解説は別冊 P.109

問題3

東京都Ⅰ類（2019年度）

下の図のような、一辺の長さが6cmの立方体ABCDEFGHを、頂点A、頂点F及び点Pの3点を通る平面で切断したとき、切断面の面積として、正しいものはどれか。ただし、点Pは辺CD上にあり、CPの長さは2cmとする。

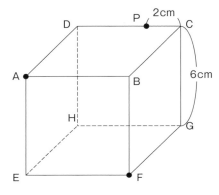

1 　$\sqrt{22}$ cm²
2 　$2\sqrt{22}$ cm²
3 　$4\sqrt{22}$ cm²
4 　$6\sqrt{22}$ cm²
5 　$8\sqrt{22}$ cm²

➡解答・解説は別冊P.110

問題 4

裁判所職員（2022年度）

下の図のように、立方体6個を積み重ねた立体を3点A、B、Cを通る平面で切断した。このときの状況として、正しくいえるものはどれか。

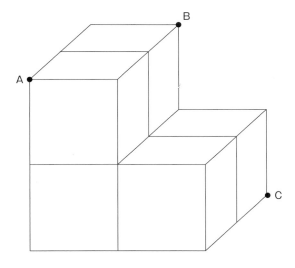

1　6個の立方体がすべて切断される。
2　切断される立方体は4個である。
3　切り口がひし形になる立方体は2個である。
4　切り口が正三角形になる立方体は2個である。
5　切り口が二等辺三角形になる立方体は2個である。

➡解答・解説は別冊P.111

問題5

裁判所職員（2020年度）

1cm×1cm×2cmの直方体を3つ組み合わせて立体Xを作り、様々な方向から見て平面図や側面図などを描いた。①〜⑧の図のうち、この立体Xを描いたものとしてあり得ないものはいくつあるか。なお、底面側から見たり、図を回転させてもよいものとする。

【立体X】

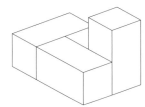

①

②

③

④

⑤

⑥

⑦

⑧

1　1つ
2　2つ
3　3つ
4　4つ
5　なし（全てあり得る）

➡解答・解説は別冊P.112

問題6

消防官Ⅰ類（2018年度）

大きさが異なるA～Eの5つの円柱又は円すいを平らな円形のテーブルの上に置いた。下の図は、このテーブルをある方向から見た立面図である。A～Eの配置をあらわす平面図として、最も妥当なものはどれか。

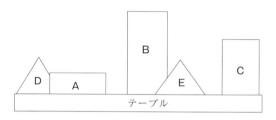

1
2
3

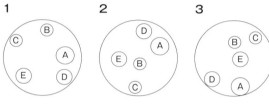

4
5

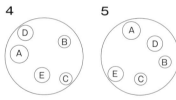

➡解答・解説は別冊P.112

問題 7

特別区 I 類（2022 年度）

次の図は、いくつかの立体を組み合わせた立体を側面、正面、真上からそれぞれ見たものである。この組み合わせた立体の見取図として、有り得るのはどれか。

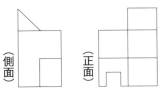

（側面）　　（正面）　　（真上）

1

2

3

4

5

➡解答・解説は別冊 P.113

問題 8

裁判所職員（2021年度）

下の図のように円柱の端の真上に点光源をおいたとき、地面にできる影を真上から見た様子として正しいものはどれか。

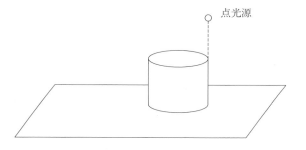

点光源

1

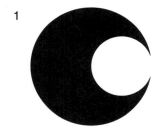

2

3

4

5

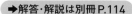

➡解答・解説は別冊 P.114

回転体・図形の移動

STEP 1 要点を覚えよう！

POINT 1 回転体

回転体とは、1つの直線を軸として、**平面の図形**を1回転させてできる立体の図形である。以下は、回転体の主な種類である。

円柱

円すい

球

長方形を回転させるとできる。

直角三角形を回転させるとできる。

半円を回転させるとできる。

半回転→1回転とイメージしながら軸と線対称に作図するとよい。

①は平面図形、②は平面図形と半回転させた図形を重ねたもの、③は立体である。

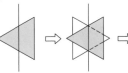

POINT 2 円の軌跡

円がもう1つの円の内側・外側を回転するとき、円周上の点は以下の青い線で示した軌跡を描く。

① 円の内側を回転する場合

図1のように内側の円と外側の円の半径の比が **1：2** のとき、内側の円は外側の円を1周する間に自ら **1回転** し、軌跡は**直線**となる。

図2のように半径の比が **1：3** のとき、内側の円は外側の円を1周する間に自ら **2回転** し、軌跡は**内サイクロイド**となる。

図1

図2

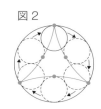

CHAPTER

4

図形・空間把握

② 円の外側を回転する場合

図3のように内側の円と外側の円の半径の比が**1：1**のとき、内側の円は外側の円を1周する間に自ら**2回転**する。図4のように半径の比が**1：2**のとき、内側の円は外側の円を1周する間に自ら**3回転**する。

図3

図4

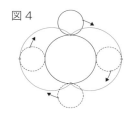

5

回転体・図形の移動

POINT 3 円の回転数

例えば、右のように円Aが円Bの**内側**や**外側**を回転するとき、回転数は以下のような公式で求められる。

① **内側**を1周すると、円Aの回転数は $\dfrac{円Bの半径（直径・円周）}{円Aの半径（直径・円周）} - 1$

② **外側**を1周すると、円Aの回転数は $\dfrac{円Bの半径（直径・円周）}{円Aの半径（直径・円周）} + 1$

例題 図のように、半径1の円Aが、半径3で中心角90°の扇形の外側の円弧部分を回転するとき、円Aは何回転するか。

円Aは半径1、扇形Bは半径3なので、**仮に扇形Bが円だとすれば**、1周したときの円Aの回転数は $\dfrac{3}{1}+1=4$（回転）である。しかし、実際にはBは円ではなく、中心角90°の扇形なので、$\dfrac{90}{360}=\dfrac{1}{4}$（周）しかしていない。したがって、$4×\dfrac{1}{4}=1$（回転）していることになる。

STEP 2 一問一答で理解を確認！

1 図のような平面図形を、回転軸を中心に1回転させてできる立体の体積を求めよ。

25cm

10cm

2,500π cm³ 長方形を回転させると、**円柱**ができる。
円柱の体積は、底面積×高さなので、
$10×10×π×25 = 2,500π$ cm³

---

2 図のような平面図形を、回転軸を中心に1回転させてできる立体の体積を求めよ。

60°

6cm

72√3π cm³ 直角三角形を回転させると、**円すい**ができる。三平方の定理より、この三角形の高さは、6√3 cmである。
円すいの体積は、底面積×高さ×$\dfrac{1}{3}$なので、$6×6×π×6\sqrt{3}×\dfrac{1}{3} = $ **72√3πcm³**

---

3 **2**の立体を回転軸に対して垂直に半分に切り、頂点を含む上半分を取り除いた。下半分の立体の体積は、次の1～3のうちどれか。

1　$36\sqrt{3}π$ cm³
2　$54\sqrt{3}π$ cm³
3　$63\sqrt{3}π$ cm³

3 下の図のような立体となる。体積は、**2**で求めた体積から、取り除いた円すいの体積を引いて求められる。取り除いた円すいの底面の半径と高さは、**2**の円すいの**半分**である。底面積×高さ×$\dfrac{1}{3}$
$=3×3×π×3\sqrt{3}×\dfrac{1}{3}=9\sqrt{3}π$ cm³

2の円すいの体積は72√3πcm³だから、$72\sqrt{3}$ cm³$-9\sqrt{3}$ cm³$=$**63√3π cm³**

4 ある平面図形を、回転軸を中心に回転させると、下の立体図形ができた。この平面図形として不適切なものは、次のア〜ウのうちどれか。

ア **ア**は、回転させると下のような立体ができ、底面の部分にへこみができない。**イ**と**ウ**は設問の立体ができる。

5 図のような2つの円があり、小さい円が大きい円の内側を円周に沿って滑ることなく回転するとき、元の位置に戻るまでに小さい円は何回転するか。小さい円と大きい円の半径の比は1:2とする。

1回転 固定している円の内側を円が1周するとき、回転数の公式は

$$\frac{固定している円の半径}{動いている円の半径}-1なので、$$

$\frac{2}{1}-1=1$(回転)である。

6 **5**において、小さい円の中央に↑（上向きの矢印）が描かれている場合、円が下の図の位置にきたときの矢印の向きは、1〜3のうちのどれか。なお、小さい円は時計周りに回転するものとする。

1 ← 2 ↑ 3 ↓

3 **5**より、小さい円は大きい円を1周する間に1回転する。設問の図の位置は、大きい円の$\frac{1}{2}$周の位置であり、小さい円は$\frac{1}{2}$回転している。$\frac{1}{2}$回転すると矢印は180°回転するため↓の向きとなる。

過去問にチャレンジ！

問題 1

警察官Ⅰ類（2021 年度）

∠ABC＝90°の直角三角形がある。辺ABを回転の軸として1回転させたときにできる立体の体積をV1、辺ACの中点と辺BCの中点を通る直線を回転の軸としたときにできる立体の体積をV2、三角形ABCと同一平面上にあり点Cを通り辺ABに平行な直線を回転の軸としたときにできる立体の体積をV3とした場合、3つの体積の大小関係を表したものとして、最も妥当なものはどれか。

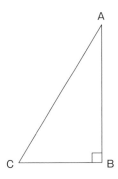

1　V1＜V2＜V3
2　V2＜V1＜V3
3　V1＜V3＜V2
4　V3＜V1＜V2
5　V3＜V2＜V1

➡解答・解説は別冊P.115

問題2

下図のようなAB＝BC、∠B＝90°の直角二等辺三角形がある。この直角二等辺三角形をまず辺BCを軸に一回転させた後に、辺ABを軸に一回転させてできる立体として、最も妥当なものはどれか。

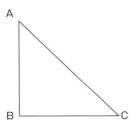

1

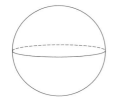

2

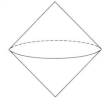

3

4

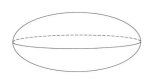

5

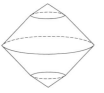

→解答・解説は別冊P.115

問題 3

東京都 I 類（2020 年度）

下の図のように、半径3の円板A〜Fを並べて、円板の中心が一辺の長さが6の正
六角形の頂点となるように固定する。半径3の円板Gが、固定した円板A〜Fと接
しながら、かつ接している部分が滑ることなく、矢印の方向に回転し、1周して
元の位置に戻るとき、円板Gの回転数として、正しいものはどれか。

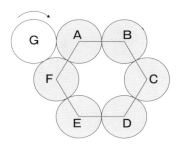

1　2回転
2　4回転
3　6回転
4　8回転
5　10回転

→解答・解説は別冊P.116

問題4

東京都Ⅰ類（2019年度）

下の図のように、同一平面上で直径3aの大きい円に、「A」の文字が描かれた直径aの円盤Aが外接し、「B」の文字が描かれた直径aの円盤Bが内接している。円盤Aと円盤Bがそれぞれ、アの位置から大きい円の外側と内側に接しながら、かつ、接している部分が滑ることなく矢印の方向に回転し、大きい円を半周してイの位置に来たときの円盤A及び円盤Bのそれぞれの状態を描いた図の組み合わせとして、妥当なものはどれか。

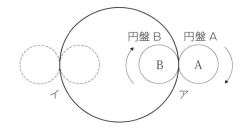

円盤A 円盤B

1　Ⓐ　Ⓑ

2　Ⓐ　Ⓑ（上下反転）

3　Ⓐ（左右反転）　Ⓑ（上下反転）

4　Ⓐ（左右反転）　Ⓑ

5　Ⓐ（90度回転）　Ⓑ（反転）

➡解答・解説は別冊P.116

SECTION

6 図形の個数・パズル

STEP 1 要点を覚えよう！

POINT 1 図形の個数

1つの図形に含まれる**図形の個数**を数える問題である。

数え落としや同じものを複数回数えることのないよう、最初に大きさや向きなどの**数え方のルール**を決めるとよい。

> **例題** 右の図は、同じ大きさの正方形が集まってできた図形である。図形に含まれる長方形の個数はいくつか。ただし、正方形は長方形に含まれるものとする。

設問の図形に含まれる長方形は、以下の6つの大きさ・形に分けられる。

① 正方形1つ×1列 □   ⑤ 正方形2つ×2列

② 正方形1つ×2列

③ 正方形1つ×3列   ⑥ 正方形2つ×3列

④ 正方形1つ×4列

①～⑥を設問の図から数えていく。

① **10個**

② **12個**　まず、横長のものを数える。数えた図形に**またがっているもの**もあるので、数え落としがないように注意する。次に、縦長のものを同様に数える。

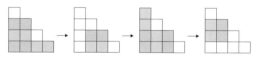

③～⑦も②と同様に数える。

③ **6個**　　④ **2個**　　⑤ **3個**　　⑥ **2個**

よって、図形に含まれる長方形は、10 ＋ 12 ＋ 6 ＋ 2 ＋ 3 ＋ 2 ＝ **35** より、**35**個である。

> 重複しないように、数えた形や大きさは、メモしながら進めよう。

POINT 2 パズル

パズルの問題では、小さな図形を組み合わせて他の図形を作る場合の、**不要な図形**を答えさせるものが多い。**図形の特徴や面積**から組み合わせを考えるとよい。

例 同じ大きさの正方形を 4 つ並べた①〜③の図形がある。これらを重ねたり裏返したりすることなく組み合わせて右下の図形を作った。このときの組み合わせを考える。

 ① ② ③

組み合わせた図形において、**位置が限られるもの**から考える。この図形の上部は、①のみがあてはまる（図 1）。残る部分において②の位置を考えると、3 通りがある（図 2）。この中で③があてはまるのは一番左の図である。

図 1 　　　図 2

例題 同じ大きさの正方形を並べた①〜⑤の図形がある。このうちの4つを、重ねたり裏返したりすることなく組み合わせたところ、右のような図形ができた。①〜⑤の図形のうち、不要なものはどれか。ただし、図形は1回ずつ使えるものとする。

 ① ② ③ ④ ⑤

---

①〜⑤の図形はそれぞれ面積が異なるので、まずは**面積**から絞り込む。1 つの正方形の面積を 1 として、作りたい図形の面積を数えると **16** である。また、①〜⑤の図形の面積はそれぞれ 3、4、4、5、5 であり、すべて足すと 3 ＋ 4 ＋ 4 ＋ 5 ＋ 5 ＝ **21** である。ということは、不要な図形の面積は 21 － 16 ＝ **5** であることがわかる。面積が 5 なのは④か⑤であり、一方で①②③は必ず使うことがわかる。

あとは実際に組み立ててみる。右下の狭い部分に着目すると位置が限られる。①や②は以下のように中途半端な隙間がさらにできて、他の図形で埋められない。③だけが他の図形で埋めることができる。その結果、④を使うことがわかるので、不要なのは⑤である。

②などを使っても
中途半端な隙間ができる
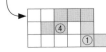

④や⑤では埋まらない

1 下図の中の三角形の個数はいくつか。

44個　三角形となるのは小さい三角形1つ分（図の黒色部分）、2つ分（グレー部分）、4つ分（青色部分）、8つ分（青色斜線部分）である。1つ分は**16**個、2つ分は**16**個、4つ分は**8**個、8つ分は**4**個である。合計して**44**個ある。

2 **1**の図において、長方形の個数として正しいものはどれか。ただし、正方形は長方形に含まれるものとする。

1　18個
2　20個
3　23個

1　長方形となるのは小さい三角形2つ分（左下図のグレー部分）、4つ分（左下図の水色部分・斜線部分）、8つ分（右下図のグレー部分・青色斜線部分）、16個分（右下図の太線部分）である。2つ分は**4**個、4つ分は**8**個、8つ分は**5**個、16個分は**1**個である。合計して**18**個ある。

3 下図の中の三角形の個数はいくつか。

27個　三角形となるのは小さい三角形1つ分、4つ分、9つ分、16個分である。1つ分は**16**個、4つ分は**7**個、9つ分は**3**個、16個分は**1**個である。合計して**27**個ある。

4 同じ大きさの正方形を3つ並べた①、②の図形がある。これらを重ねたり裏返したりすることなく組み合わせ、③のような図形ができた。斜線で示した

①が1つ、②が2つ　斜線の部分に②の一部が入る場合、図1のように正方形を角に1つ取り残すような位置ではなく、図2のように入る。残

部分に②の一部が入っている場合、この図形は①と②がいくつでできているか。

① ② ③

りの部分は、同じ②を合わせて**長方形になるように入り、さらに①が入る。**

図1 図2

5 以下の1～5の5枚のパーツから4枚を使って、3×5の長方形の図形を作りたい。このとき、不要なパーツはどれか。

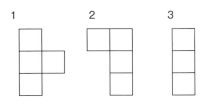

1 2 3

4 5

3 まずは**面積**から絞り込む。正方形の面積を1とすると、作りたい長方形の面積は**15**であり、1～5のパーツの面積はそれぞれ**4、4、3、3、4**である。すべて足すと4＋4＋3＋3＋4＝**18**であり、不要なパーツの面積は18－15＝**3**である。この段階で**不要なパーツは3か4のどちらか**であり、一方で**1、2、5のパーツは必ず使うこと**がわかる。

あとは、実際に組み立ててみる。特に**5のパーツ**がかなり組み合わせづらいので、5から検討するとよい。5のパーツを右下に入れると、上に2のパーツが入り、以下のように完成する。4のパーツでできあがるので、不要なパーツは**3**である。

4			2	
				5
		1		

問題 1　　　　　　　　　　　　　　　　　　　　　　消防官Ⅰ類（2018年度）

下図のひし形の中にある平行四辺形の数として、最も妥当なものはどれか。

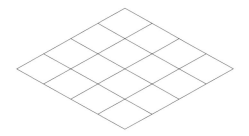

1	60	**2**	80	**3**	100
4	120	**5**	160		

➡解答・解説は別冊P.117

問題 2　　　　　　　　　　　　　　　　　　　　　　警察官Ⅰ類（2019年度）

下のように同じ正方形が集まってできた図形がある。この図形の中にある長方形の個数として、最も妥当なものはどれか。ただし、正方形は長方形に含まれるものとする。

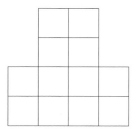

1	48個	**2**	49個	**3**	50個
4	51個	**5**	52個		

➡解答・解説は別冊P.117

問題 3

特別区Ⅰ類（2021年度）

次の図のように2本の直線によって分割された円がある。今、7本の直線を加えて
この円を分割したとき、分割されてできた平面の最大数はどれか。

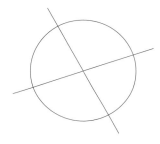

1 43　　**2** 44　　**3** 45
4 46　　**5** 47

➡解答・解説は別冊P.118

問題 4

裁判所職員（2020年度）

9個の点が図のようなマス目上に等間隔（縦と横の間隔は1cm）で並んでいる。
このうちの3点を頂点とする三角形のうち、面積が1cm^{2}の三角形は何個あるか。

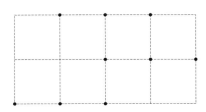

1 20個　　**2** 22個　　**3** 24個
4 26個　　**5** 28個

➡解答・解説は別冊P.119

問題 5

国家専門職（2022年度）

図のような模様が描かれた透明のシートがある。このシートを同じ大きさの4枚の正方形のシートに分割し、分割した4枚のシートを全て裏返した。このとき、裏返した4枚のシートの模様について、あり得ないものとして最も妥当なものはどれか。

ただし、回転させたシートは同一のものとみなす。

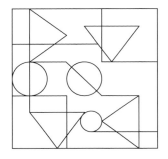

1

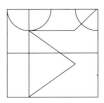

2

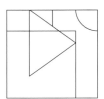

3

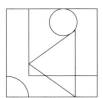

4

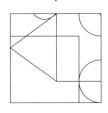

5

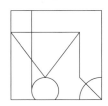

➡解答・解説は別冊P.120

問題 6

東京都Ⅰ類（2019 年度）

図1 に示すA 〜 Eの紙片のうち4枚をすき間なく、かつ、重なり合うことなく並べて、図2 に示す台形における着色部分をはみ出すことなく全て埋めるとき、必要でない紙片として、妥当なものはどれか。ただし、いずれの紙片も裏返さないものとする。

図 1

A

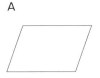

B

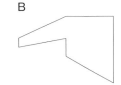

C

D

E

図 2

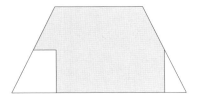

1　A　　2　B　　3　C　　4　D　　5　E

➡解答・解説は別冊 P.120

問題 7

国家一般職（2021 年度）

次のA～Dのうち、下の図形を五つ隙間なく並べることによって作ることができるもののみを挙げているのはどれか。

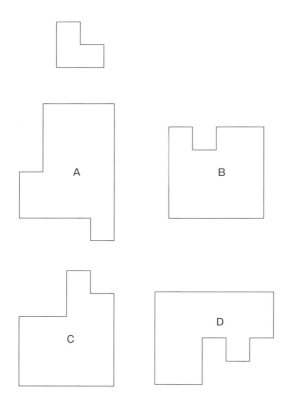

1　A、B　　**2**　A、C　　**3**　B、C
4　B、D　　**5**　C、D

➡解答・解説は別冊 P.121

問題8

図Iのような、一辺の長さが1の正方形の板A、2枚の板Aを一つにした板B、4枚の板Aを一つにした板Cの3種類の板がある。これらの板を重ならないように置き、床を板で敷き詰めることを考える。例えば、一辺の長さが3の正方形の床は、図IIのように、板Aを1枚、板Bを2枚、板Cを1枚使用して敷き詰めることができ、このときに使用した板の枚数は、4枚である。一辺の長さが5の正方形の床を、最も少ない枚数の板で敷き詰めるとき、板の枚数は何枚か。ただし、必ずしも3種類の板すべてを使用しなくてもよいものとする。

図 I

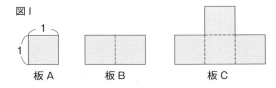

板 A 　　板 B 　　板 C

図 II

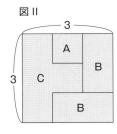

1 　7枚 　　**2** 　8枚 　　**3** 　9枚
4 　10枚 　　**5** 　11枚

→解答・解説は別冊P.122

索　引

きめる！公務員試験　判断推理

カバーデザイン	野条友史（BALCOLONY.）
本文デザイン	宮嶋章文
本文イラスト	ハザマチヒロ
編集協力	コンデックス株式会社
校正	松本尚士、TKM合同会社、竹田直
データ作成	コンデックス株式会社
印刷所	凸版印刷株式会社
編集担当	山下順子

読者アンケートご協力のお願い

※アンケートは予告なく終了する場合がございます。

この度は弊社商品をお買い上げいただき、誠にありがとうございます。本書に関するアンケートにご協力ください。右のQRコードから、アンケートフォームにアクセスすることができます。ご協力いただいた方のなかから抽選でギフト券（500円分）をプレゼントさせていただきます。

アンケート番号：　　802032

※QRコードは株式会社デンソーウェーブの登録商標です。

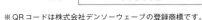

JR

きめる！ KIMERU SERIES

［別冊］
判断推理
Judgment and Reasoning

解答解説集

この別冊は取り外せます。矢印の方向にゆっくり引っぱってください。➡

きめる! 公務員試験

判断推理

解答解説

1 1 命題と真偽の確認

問題 1 国家専門職（2020年度）………………………………………………… 本冊P.024

正解：5

米国に行ったことがあるという条件を**米**、その否定を$\overline{米}$と表すこととし、以下同様に、**英**、$\overline{英}$、**ロ**、$\overline{ロ}$、**中**、$\overline{中}$と表す。

与えられた命題を上から順に①、②とし、論理式で真の命題を確認する。

	論理式	対偶	ド・モルガンの法則
①	米 ⇒ 英 ∧ ロ	$\overline{英}$ ∧ $\overline{ロ}$ ⇒ $\overline{米}$	$\overline{英}$ ∨ $\overline{ロ}$ ⇒ $\overline{米}$
②	英 ⇒ 中	$\overline{中}$ ⇒ $\overline{英}$	―

1　×　英 ∧ $\overline{米}$ ⇒ ロについて、①②からは判断できない。
2　×　ロ ∧ $\overline{米}$ ⇒ 中について、①②からは判断できない。
3　×　ロ ∧ 中 ⇒ 英について、①②からは判断できない。
4　×　$\overline{中}$ ∧ ロ ⇒ 英について、②の対偶より$\overline{中}$⇒$\overline{英}$なので誤りである。
5　○　中 ∧ $\overline{ロ}$ ⇒ $\overline{米}$について、①のド・モルガンの法則より$\overline{ロ}$⇒$\overline{米}$なので、中があろうがなかろうが正しい。

問題 2 警察官Ⅰ類（2021年度）………………………………………………… 本冊P.024

正解：5

野球が得意という条件を**野**、その否定を$\overline{野}$と表すこととし、以下同様に、**サ**、$\overline{サ}$、**バ**、$\overline{バ}$、**ゴ**、$\overline{ゴ}$と表す。

与えられた命題を論理式にして、真偽を確認する。

	論理式	対偶
ア	野 ⇒ $\overline{サ}$	サ ⇒ $\overline{野}$
イ	$\overline{バ}$ ⇒ ゴ	$\overline{ゴ}$ ⇒ バ
ウ	バ ⇒ サ	$\overline{サ}$ ⇒ $\overline{バ}$

1　×　$\overline{野}$ ⇒ $\overline{バ}$について、ア～ウからは判断できない。
2　×　サ ⇒ $\overline{ゴ}$について、ア～ウからは判断できない。
3　×　バ ⇒ 野について、ウの論理式→アの対偶より、バ⇒サ⇒$\overline{野}$となるので誤りである。
4　×　$\overline{バ}$ ⇒ サについて、ア～ウからは判断できない。

5 ○ $\overline{\text{ゴ}} ⇒ \overline{\text{野}}$ は、イの対偶→ウの論理式→アの対偶より、$\overline{\text{ゴ}}⇒\overline{\text{バ}}⇒\overline{\text{サ}}⇒\overline{\text{野}}$ となるので正しい。

問題3 特別区 I 類（2021年度）⋯⋯⋯⋯⋯⋯⋯⋯⋯⋯⋯⋯⋯⋯⋯ 本冊P.025

正解：5

アサガオが好きという条件を**ア**、その否定を$\overline{\text{ア}}$と表すこととし、以下同様に、**カ**、$\overline{\text{カ}}$、**コ**、$\overline{\text{コ}}$、**チ**、$\overline{\text{チ}}$と表す。

与えられた命題を論理式にして、**真偽**を確認する。

	論理式	対偶	ド・モルガンの法則
ア	ア ⇒ カ ∧ コ	$\overline{\text{カ}}$ ∧ $\overline{\text{コ}}$ ⇒ $\overline{\text{ア}}$	$\overline{\text{カ}}$ ∨ $\overline{\text{コ}}$ ⇒ $\overline{\text{ア}}$
イ	$\overline{\text{カ}}$ ⇒ コ	$\overline{\text{コ}}$ ⇒ カ	—
ウ	コ ⇒ $\overline{\text{チ}}$	チ ⇒ $\overline{\text{コ}}$	—

1 × **ア ⇒ チ**について、アの論理式→ウの論理式より**ア ⇒ コ ⇒ $\overline{\text{チ}}$**となるので誤りである。

2 × **カ ∨ コ⇒ $\overline{\text{ア}}$**について、ア〜ウからは判断できない。

3 × **コ ⇒ ア**について、ア〜ウからは判断できない。

4 × **$\overline{\text{コ}}$ ⇒ チ**について、ア〜ウからは判断できない。

5 ○ **チ ⇒ $\overline{\text{ア}}$**について、ウの対偶→アのド・モルガンの法則より**チ ⇒ $\overline{\text{コ}}$ ⇒ $\overline{\text{ア}}$**がいえるので正しい。

問題4 国家一般職（2018年度）⋯⋯⋯⋯⋯⋯⋯⋯⋯⋯⋯⋯⋯⋯⋯ 本冊P.025

正解：1

公民館・図書館・診療所を有するという条件を、それぞれ**公**、**図**、**診**、その否定を、それぞれ$\overline{\text{公}}$、$\overline{\text{図}}$、$\overline{\text{診}}$と表す。

面積が1.0 km^{2}以上、1.5 km^{2}以上であるという条件を、それぞれ**1.0**、**1.5**、その否定を、それぞれ$\overline{\text{1.0}}$、$\overline{\text{1.5}}$と表す。

人口が1,000人以上、1,200人以上という条件を、それぞれ**1,000**、**1,200**、その否定を、それぞれ$\overline{\text{1,000}}$、$\overline{\text{1,200}}$と表す。

ただし面積が1.5km^{2}以上であれば1.0km^{2}以上は含むので**1.5⇒1.0**、人口が1,200人以上であれば1,000人以上を含むので**1,200⇒1,000**であることに注意する。

与えられた命題を上から順に①、②、③とし、論理式で**真**の命題を確認する。

	論理式	対偶	ド・モルガンの法則
①	公 ∨ 図 ⇒ $\overline{診}$ ∨ 1.0	$\overline{\overline{診} \vee 1.0}$ ⇒ $\overline{公 \vee 図}$	診 ∧ $\overline{1.0}$ ⇒ $\overline{公}$ ∧ $\overline{図}$
②	1,000 ∨ 1.5 ⇒ 診	$\overline{診}$ ⇒ $\overline{1,000 \vee 1.5}$	$\overline{診}$ ⇒ $\overline{1,000}$ ∧ $\overline{1.5}$
③	$\overline{1,200}$ ⇒ $\overline{公}$	公 ⇒ 1,200	―

1 ○ 公 ⇒ 1.0について、③の対偶より公 ⇒ 1,200であり、上記のとおり1,200 ⇒ 1,000となり、②の論理式より1,000 ⇒ 診である。つまり公 ⇒ 診であり、①の論理式より公 ⇒ $\overline{診}$ ではないので、公 ⇒ 1.0が確実にいえる。

2 × 診 ⇒ 1.5について、①～③からは判断できない。。

3 × 図 ⇒ 1,200について、①～③からは判断できない。

4 × 1.5 ⇒ 図について、①～③からは判断できない。

5 × $\overline{1,200}$ ⇒ 1.0について、①～③からは判断できない。

問題5 国家一般職（2020年度） ………………………………………………… 本冊P.026

正解：2

英語を通訳できるという条件を英、その否定を$\overline{英}$と表すこととし、以下同様に、ド、$\overline{ド}$、フ、$\overline{ラ}$、ス、$\overline{ス}$、中、$\overline{中}$、ロ、$\overline{ロ}$と表す。

与えられた命題を、上から順に①、②、③、④とし、論理式で真の命題を確認する。

	論理式	対偶	ド・モルガンの法則
①	ド ⇒ フ	$\overline{フ}$ ⇒ $\overline{ド}$	―
②	ス ⇒ 中	$\overline{中}$ ⇒ $\overline{ス}$	―
③	フ ⇒ 中 ∧ ロ	$\overline{中 \wedge ロ}$ ⇒ $\overline{フ}$	$\overline{中}$ ∨ $\overline{ロ}$ ⇒ $\overline{フ}$
④	$\overline{英}$ ⇒ $\overline{ロ}$	ロ ⇒ 英	―

1 × 英 ⇒ フについて、①～④からは判断できない。

2 ○ ド ⇒ 英について、①の論理式→③の論理式→④の対偶よりド⇒フ⇒ロ⇒英がいえるので正しい。

3 × $\overline{ラ}$ ⇒ $\overline{ス}$について、①～④からは判断できない。

4 × $\overline{ス}$ ⇒ $\overline{中}$について、①～④からは判断できない。

5 × $\overline{ロ}$ ⇒ $\overline{英}$について、①～④からは判断できない。

問題 6　国家一般職（2019年度）················· 本冊P.026

正解：1

パソコンを持っているという条件をパ、その否定を$\overline{パ}$と表すこととし、以下同様に、ス、$\overline{ス}$、デ、$\overline{デ}$、プ、$\overline{プ}$、腕、$\overline{腕}$と表す。

与えられた命題を上から順に、①、②、③、④とし、論理式で真の命題を確認する。

	論理式	対偶	ド・モルガンの法則
①	パ ⇒ ス	$\overline{ス}$ ⇒ $\overline{パ}$	―
②	$\overline{デ}$ ⇒ プ	$\overline{プ}$ ⇒ デ	―
③	プ ⇒ $\overline{パ}$ ∧ 腕	パ ∧ $\overline{腕}$ ⇒ $\overline{プ}$	$\overline{パ}$ ∨ 腕 ⇒ $\overline{プ}$
④	ス ⇒ $\overline{腕}$	腕 ⇒ $\overline{ス}$	―

1　○　ス ⇒ $\overline{デ}$について、④の論理式→③のド・モルガンの法則→②の対偶より
ス⇒$\overline{腕}$⇒$\overline{プ}$⇒$\overline{デ}$がいえるので正しい。

2　×　$\overline{デ}$ ⇒ パについて、①〜④からは判断できない。

3　×　パ ⇒ $\overline{腕}$について、①〜④からは判断できない。

4　×　腕 ⇒ プについて、①〜④からは判断できない。

5　×　プ ⇒ スについて、③の論理式→④の対偶よりプ⇒$\overline{腕}$⇒$\overline{ス}$となるので誤り
である。

問題 7　消防官Ⅰ類（2020年度）················· 本冊P.027

正解：5

マラソンが好きという条件をマ、その否定を$\overline{マ}$で表すこととし、以下同様に、フ、$\overline{フ}$、サ、$\overline{サ}$、テ、$\overline{テ}$、イ、$\overline{イ}$、中、$\overline{中}$、ラ、$\overline{ラ}$、野、$\overline{野}$、日、$\overline{日}$と表す。

与えられた命題を論理式にして、真偽を確認する。

	論理式	対偶	ド・モルガンの法則
ア	$\overline{マ}$ ⇒ $\overline{フ}$	フ ⇒ マ	―
イ	$\overline{サ}$ ⇒ $\overline{テ}$	テ ⇒ サ	―
ウ	$\overline{フ}$ ⇒ $\overline{野}$ ∧ $\overline{イ}$	$\overline{野}$ ∧ $\overline{イ}$ ⇒ フ	野 ∨ イ ⇒ フ
エ	$\overline{中}$ ∧ $\overline{テ}$ ⇒ $\overline{ラ}$	ラ ⇒ $\overline{中}$ ∧ $\overline{テ}$	ラ ⇒ 中 ∨ テ
オ	$\overline{野}$ ∨ $\overline{サ}$ ⇒ $\overline{日}$	日 ⇒ $\overline{野}$ ∨ $\overline{サ}$	日 ⇒ 野 ∧ サ

1　×　$\overline{テ}$ ⇒ $\overline{サ}$について、ア〜オからは判断できない。

2 × 野 ∧ イ ⇒ ラ̄ について、ア〜オからは判断できない。

3 × ラ ⇒ 中 ∧ テ について、エのド・モルガンの法則から ラ⇒中∨テ なので誤りである。

4 × ラ ⇒ サ のについて、ア〜オからは判断できない。

5 ○ 日 ⇒ マ について、オのド・モルガンの法則→ウのド・モルガンの法則→アの対偶より 日⇒野⇒フ⇒マ がいえるので正しい。

問題8　消防官Ⅰ類（2021年度）……………………………………………………… 本冊P.027

　正解：4

　春が好きという条件を**春**、その否定を春̄と表すこととし、以下同様に、**夏**、夏̄、**秋**、秋̄、**冬**、冬̄と表す。

　与えられた命題ア、イ、ウとカを論理式にしてみる。

	論理式	対偶
ア	春 ⇒ 夏	夏̄ ⇒ 春̄
イ	夏 ⇒ 春̄	春 ⇒ 夏̄
ウ	夏̄ ⇒ 春̄	春 ⇒ 夏
カ	冬 ⇒ 夏	夏̄ ⇒ 冬̄

　春 ⇒ 冬̄ が成立するためには、ウの対偶「春 ⇒ 夏」から始める。このとき、エの命題で「夏と冬が両方好きな生徒はいなかった。」ことから、「春が好きな生徒は、**夏が好き＝冬が嫌い。**」となる。

　したがって、「春が好きな生徒は、冬が嫌い。」という命題が成立するために必要な命題の組み合わせは、**ウ**、**エ**である。

問題9　国家一般職（2012年度）………………………………………………………… 本冊P.028

　正解：1

　ヒラメを釣ったという条件を**ヒ**、その否定を**ヒ̄**と表すこととし、以下同様に、**ス**、ス̄、**ブ**、ブ̄、**タ**、タ̄と表す。

　与えられた命題を上から順に①、②、③とし、論理式で**真**の命題を確認する。

	論理式	対偶	ド・モルガンの法則
①	ヒ ⇒ ス ∧ ブ	$\overline{ス ∧ ブ}$ ⇒ $\overline{ヒ}$	$\overline{ス}$ ∨ $\overline{ブ}$ ⇒ $\overline{ヒ}$
②	$\overline{ス}$ ⇒ ブ	$\overline{ブ}$ ⇒ ス	—
③	ブ ⇒ $\overline{タ}$	タ ⇒ $\overline{ブ}$	—

1 ○ タ ⇒ $\overline{ヒ}$ について、③の対偶→①のド・モルガンの法則より タ⇒$\overline{ブ}$⇒$\overline{ヒ}$ が いえるので正しい。

2 × ヒ ⇒ タについては①の論理式→③の論理式より ヒ⇒ブ⇒$\overline{タ}$ がいえるので 誤りであり、タ ⇒ ヒについては選択肢1のとおり タ⇒$\overline{ヒ}$ なので誤りである。

3 × タ ⇒ ブについて、③の対偶のとおり タ⇒$\overline{ブ}$ なので誤りである。。

4 × ス ∧ ブ ⇒ ヒについて、①～③からは判断できない。

5 × $\overline{ブ}$ ⇒ タについて、①～③からは判断できない。

<u>問題 10</u> 国家専門職（2013年度）……………………………………………………… 本冊P.028

正解：5

ワインが好きという条件を**ワ**、その否定を$\overline{ワ}$と表すこととし、以下同様に、**日**、 $\overline{日}$、**イ**、$\overline{イ}$、**中**、$\overline{中}$、**和**、$\overline{和}$ と表す。

与えられた命題を上から順に①、②、③とし、論理式で真の命題を確認する。

	論理式	対偶	ド・モルガンの法則
①	ワ ∨ 日 ⇒ イ	$\overline{イ}$ ⇒ $\overline{ワ ∨ 日}$	$\overline{イ}$ ⇒ $\overline{ワ}$ ∧ $\overline{日}$
②	ワ ⇒ 中 ∧ $\overline{和}$ または ワ ⇒ $\overline{中}$ ∧ 和	—	—
③	$\overline{日}$ ⇒ $\overline{和}$	和 ⇒ 日	—

②は択一関係になっているので、これに注意して選択肢を検討する。

1 × 日 ∧ $\overline{ワ}$ ⇒ 和について、①～③からは判断できない。

2 × 日 ⇒ 中について、①～③からは判断できない。

3 × 中 ∧ 日 ⇒ 和について、①～③からは判断できない。

4 × イ ∨ 和 ⇒ ワのについて、①～③からは判断できない。

5 ○ 和 ∧ ワ ⇒ $\overline{中}$ について、②の論理式より ワ⇒中∧$\overline{和}$ または ワ⇒$\overline{中}$∧和 の どちらかは確実であり、和∧ワだとすれば ワ⇒$\overline{中}$∧和 のほうであることが確定 するので正しい。

正解：5

　Aが通っているという条件を**A**、その否定を$\overline{A}$と表すこととし、以下同様に、**B**、$\overline{B}$、**C**、$\overline{C}$、**D**、$\overline{D}$、**E**、$\overline{E}$と表す。
　与えられた命題ア、イ、ウを論理式にしてみる。

	論理式	対偶	ド・モルガンの法則
ア	$A \Rightarrow B$	$\overline{B} \Rightarrow \overline{A}$	—
イ	$B \Rightarrow C \wedge D$	$\overline{C \wedge D} \Rightarrow \overline{B}$	$\overline{C} \vee \overline{D} \Rightarrow \overline{B}$
ウ	$C \wedge D \Rightarrow \overline{E}$	$E \Rightarrow \overline{C \wedge D}$	$E \Rightarrow \overline{C} \vee \overline{D}$

　Aが通うとすると、アの論理式→イの論理式→ウの論理式より$A \Rightarrow B \Rightarrow C \wedge D \Rightarrow \overline{E}$となるので、**A**、**B**、**C**、**D**の4人が通うことになり、通っていないのは**E**である。
　念のため他も確認する。**B**が通うとすると、イの論理式→ウの論理式より$B \Rightarrow C \wedge D \Rightarrow \overline{E}$となるが、**A**が通っているかどうかが判断できない。**C**と**D**が通うとすると、上記からは何も判断できない。**E**が通うとすると、ウのド・モルガンの法則→イのド・モルガンの法則より$E \Rightarrow \overline{C} \vee \overline{D} \Rightarrow \overline{B}$となり、**C**か**D**と**B**の少なくとも2人が通っていないことになってしまうので、4人が通う可能性はない。

1 2 ベン図・線分図

問題1 特別区Ⅰ類（2012年度） ··· 本冊P.034

正解：2

ベン図に、各要素の数を文字で表して、それぞれの条件を数式にする。
なお、食べた人が前提の問題なので、円の外側は考えなくてよい。

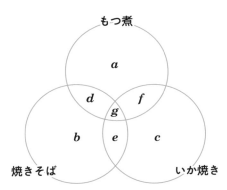

ア：$a+d+f+g=e+g+25$ ·········①
イ：$b+c=50$ ·········②
ウ：$a+b+c=d+e+f+g+55$ ·········③
エ：$a=e+g+10$ ·········④
　④を①に代入すると、
　　$e+g+10+d+f+g=e+g+25$
より、$d+f+g=15$ ·········⑤
　④を③に代入すると、
　　$e+g+10+b+c=d+e+f+g+55$
より、$b+c=d+f+45$ ·········⑥
　②を⑥に代入すると、
　　$50=d+f+45$
より、$d+f=5$ ·········⑦
　⑦を⑤に代入すると、
　　$5+g=15$
より、$g=10$
　したがって、3品全てを食べた人数は、**10人**である。

正解：5

　ベン図に、わかっている人数と文字にした各要素を書き込む。

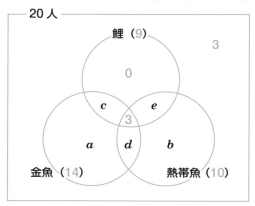

金魚を飼っている人は14人だから、
$$a+c+3+d=14$$
よって、$a+c+d=11$　……①
鯉を飼っている人は9人だから、
$$c+3+e=9$$
よって、$c+e=6$　……②
熱帯魚を飼っている人は10人だから、
$$b+d+3+e=10$$
よって、$b+d+e=7$　……③
金魚と熱帯魚を飼っている人は7人だから、
$$d+3=7$$
よって、$d=4$　……④
金魚だけ、熱帯魚だけを飼っている人は同数だから、
$$a=b$$　……⑤
④を①に代入すると、
$$a+c+4=11$$
よって、$a+c=7$　……⑥
④、⑤を③に代入すると、
$$a+4+e=7$$
よって、$a+e=3$　……⑦
⑥－②＋⑦より、$a=2$　……⑧
⑤より、$b=2$

⑥、⑦に⑧を代入すると、

$c=5$

$e=1$

以上のことから、文字を数値に変えると次のようになる。

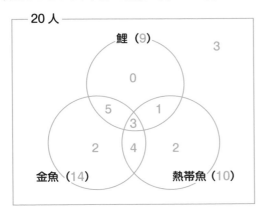

したがって、確実に言えるのは、**5**の「**金魚と熱帯魚だけを飼っている人の数（4）は、金魚だけを飼っている人（2）の2倍いる。**」である。

問題3 特別区Ⅰ類（2019年度）……………………………………………… 本冊P.035

正解：1

ベン図にわかっている人数を書き込み、不明の要素を文字で書き込む。

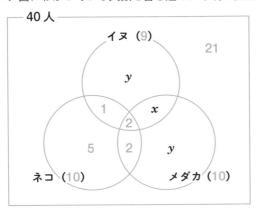

クラスの人数が40人だから、xとy以外のわかっている人数をひくと、

$40-21-5-2-2-1=9$

よって、$x+2y=9$　　……①

また、条件アより、$9-2-1=x+y$

よって、$x+y=6$　　……②

①と②を連立して解くと、

$6-y+2y=9$

$y=3$

よって、$x=y=3$

1 ○　イヌを飼っていてメダカを飼っていない人は、$y+1=4$人である。

2 ×　イヌとネコを飼っている人は、$1+2=3$人である。

3 ×　イヌとネコを飼っている人は3人であり、イヌとメダカを飼っている人は、$2+x=5$人だから、同数ではない。

4 ×　イヌとネコだけを飼っている人は、1人いる。

5 ×　メダカだけを飼っている人は$y=3$人、イヌとネコだけを飼っている人は1人だから、2倍ではなく3倍である。

問題4 裁判所職員（2019年度）·· 本冊P.035

　　正解：3

　デザートを注文したのは$40-9=31$（人）なので、31人が必ず1人1皿以上注文するとして、以下のように線分図を描いていけばよい。「最大の人数」と書かれているが、線分図をなるべく離して描いたとしても重なってしまう部分が、2種類以上のデザートを注文した人数としてあり得る最大となる。

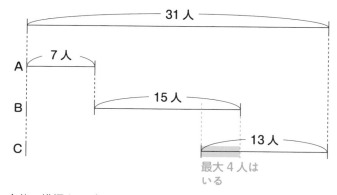

　全体の横幅を31人にしつつ、線分図を並べていくと上記のようになり、どんな描き方をしても（7＋15＋13）－31＝4（人）は必ず重なってしまうため、最大4人は2種類以上注文する。

1 3 キャロル図

問題1 特別区Ⅰ類（2019年度） 本冊P.040

正解：3

与えられた条件からわかる人数を、キャロル図に表す。

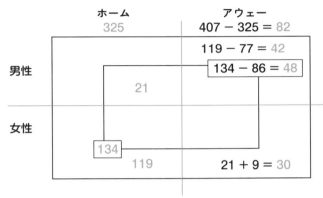

ホームチームの応援にひとりで来た女性＝134－119＝**15**
アウェーチームの応援にひとりで来た男性＝48－42＝**6**
アウェーチームの応援にひとりで来た女性＝82－48－30＝**4**
したがって、ひとりで応援に来た観客の人数は、21＋15＋6＋4＝**46人**

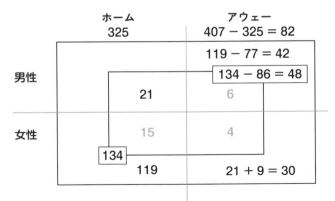

正解：**1**

与えられた条件からわかる人数を、キャロル図に表す。

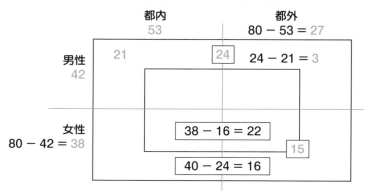

都内に住んでおらず勤続年数が10年未満の男性の人数は、

　　27－3－15＝**9人**

エより、都内に住んでおらず勤続年数が10年未満の女性の人数は、

　　9＋3＝**12人**

勤続年数が10年未満の女性の人数は22人だから、都内に住む勤続年数が10年未満の女性の人数は、

　　22－12＝**10人**

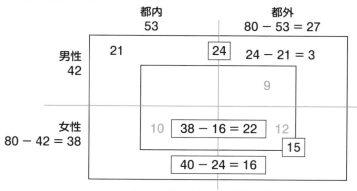

正解：1

ボランティア活動に2回以上参加したことがあるＢ町会の成年の町会員の人数をxとし、与えられた条件からわかる人数を、キャロル図に表す。

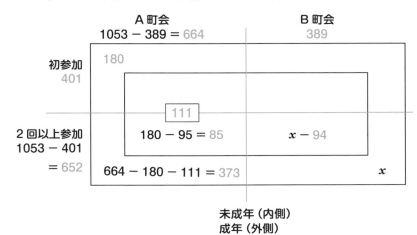

したがって、$x=652-373-85-(x-94)$
$2x=288$
$x=144$人

正解：1

利用しているを〇、利用していないを×とし、与えられた条件からわかる人数を、キャロル図に表す。ただし、テレワークのみを利用している職員の人数をaとする。

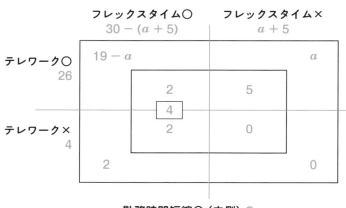

フレックスタイム〇
$30 - (a + 5)$

フレックスタイム×
$a + 5$

テレワーク〇
26

$19 - a$

a

2

5

4

2

0

テレワーク×
4

2

0

勤務時間短縮〇（内側）9
勤務時間短縮×（外側）21

1 〇 勤務時間短縮を利用せず、テレワークを利用している人は、26－(2＋5)＝**19人**で正しい。

2 × 勤務時間短縮のみを利用している職員は**0人**、フレックスタイムのみを利用している職員は**2人**だから、フレックスタイムのみを利用している職員のほうが多い。

3 × フレックスタイムとテレワークの両方を利用している職員は、$19 - a + 2$ ＝$21 - a$ 人で、$a = 14$のとき以外は7人にはならないため、確実にはいえない。

4 × テレワークと勤務時間短縮の両方を利用している職員は、2＋5＝**7人**である。

5 × フレックスタイムのみを利用している職員は、**2人**である。

正解：2

資格を持っているを〇、資格を持っていないを×とし、与えられた条件からわかる人数を、キャロル図に表す。ただし、簿記の資格のみを持っている生徒の人数をa、電卓の資格のみを持っている生徒の人数をb、英語と電卓の2つの資格のみを持っている生徒の人数をc、簿記と電卓の2つの資格のみを持っている生徒の

人数をdとする。

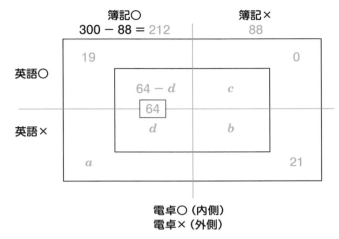

簿記〇
$300-88=212$

簿記×
88

英語〇

19

0

$64-d$

c

64

英語×

d

b

a

21

電卓〇（内側）
電卓×（外側）

全校生徒の人数は300人だから、

$a+b+c+d+(64-d)+0+19+21=300$

$a+b+c=196$ ……①

イより、

$b+c+0+21=88$

$b+c=67$ ……②

②を①に代入すると、

$a+67=196$

$a=129$

1 × 英語の資格を持っている生徒は、$19+(64-d)+c+0=c-d+83$人で、$c-d=67$のとき以外は150人にならないため、確実にはいえない。

2 〇 電卓の資格を持っている生徒は、$b+c+d+(64-d)=67+64=131$人である。

3 × 簿記の資格のみを持っている生徒は、$a=129$人である。

4 × 電卓の資格のみを持っている生徒は、$b=67-c$人で、$c=0$のとき以外は67人にならないため、確実にはいえない。

5 × 3つの資格すべてを持っている生徒は、$64-d$人で、$d=40$のとき以外は24人にならないため、確実にはいえない。

正解：4

食べたことがあるを〇、食べたことがないを×とし、与えられた条件からわかる人数を、キャロル図に表す。ただし、寿司のみを食べたことがある旅行者の人数を a、カレーライスのみを食べたことがある旅行者の人数を b、ラーメンのみを食べたことがある旅行者の人数を c、寿司とカレーライスのみを食べたことがある旅行者の人数を d、寿司とラーメンのみを食べたことがある旅行者の人数を e とする。

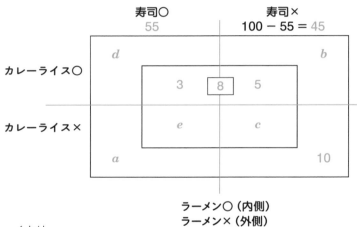

イより、

$a+c+d+e+3+5=85$

　　$a+c+d+e=77$ ⋯⋯①

ウより、

$a+d+e+3=55$

　　$a+d+e=52$ ⋯⋯②

求めたいのは c の人数だから、②を①に代入すると、

$c+52=77$

　　$c=25$

したがって、ラーメンのみを食べたことがある旅行者の数は、**25人**である。

2 1 対応

問題 1 　特別区Ⅰ類（2020年度）································· 本冊P.052

正解：1

アより、Bが朝食を準備した第5火曜日の6日後が5日だから、5日は**月曜日**である。

アとイより、Cが朝食を準備した3日の日は、**土曜日**である。また、3日の6日後の**9日**の**金曜日**にもCは朝食を準備した。

エの、Eが朝食を準備した第1金曜日は、9日の1週間前の**2日**で、Eは**8日**の**木曜日**にも朝食を準備した。

1日が**木曜日**だから、オの、Fが朝食を準備した月の終わりの日は**第5水曜日**で、Fは6日の**火曜日**にも朝食を準備した。

さらにウの、Dが**水曜日**に朝食を準備したことを考慮して、6人が朝食を準備した順番の表をつくる。

日	月	火	水	木	金	土
				1日	2日	3日
C	A	B	F	D	E	C
4日	5日	6日	7日	8日	9日	10日
A	B	F	D	E	C	A

したがって、Aの翌日に朝食を準備したのは、**B**である。

問題 2 　国家一般職（2021年度）································· 本冊P.052

正解：3

与えられた条件を、上から順にア～カとする。

ウ、エより、Aが通っている三つの教室のうち、一つ目は**B**と一緒、二つ目は**E**と一緒、三つめは**B**、**E**と一緒で、三つ目の教室は、BとEが共に通っている唯一の教室である。

ア、イより、生け花教室にはC以外の4人が通っている。

A、B、Eは、それぞれが通う三つの教室のいずれにおいても、誰かと共に通っているので、**書道教室**には、通っていない。また、イより、AとCは、重複せずに三つずつ教室を分け合っているので、Cは**書道教室**に通い、オより、Aは**バレエ教室**に通っている。

ウ、カより、**B**はそろばん教室に通っていない。

BとDが共に通っている唯一の教室と、BとEが共に通っている唯一の教室は、いずれも**生け花教室**なので、DとEは、Bが通っているその他の教室には通ってい

ない。仮にBが茶道教室に通っているとすると、茶道教室に通っている3人のうち、あとの2人はAとCになり、イに矛盾するので、Bは茶道教室に通っていない。よって、茶道教室には、**A、D、E**が通っている。

Aは、生け花教室、茶道教室、バレエ教室に通っているので、AとBが共に通っているもう一つの教室は、**バレエ教室**である。

以上を踏まえて、対応表をつくる。

	生け花	茶道	書道	そろばん	バレエ	ピアノ	
A	○	○	×	×	○	×	3
B	○	×	×	×	○	○	3
C	×	×	○	○	×	○	3
D	○	○	×	○	×	×	3
E	○	○	×	×	×	×	2
	4	3	1				

したがって、確実にいえることとして最も妥当なものは、「**C は、そろばん教室とピアノ教室に通っている。**」である。

問題3 特別区Ⅰ類（2021年度） ……………………………………… 本冊P.053

正解：2

ア、イ、オより、1回目に白玉をトッピングしたのは、A、B、Dであり、2回目に白玉をトッピングしたのは、B、C、Dである。

ア、ウ、カより、1回目にあんずをトッピングしたのは、A、Dである。

トッピングしたことを○、トッピングしていないことを×として、対応表をつくる。

1回目

	A	B	C	D	
アイス		×	×		1
白玉	○	○	×	○	3
あんず	○	×	×	○	2

2回目

	A	B	C	D	
アイス	×	○	×	×	1
白玉	×	○	○	○	3
あんず					2

エより、Bは他の3人より2回分のトッピングの延べ個数が多いので、2回目に**あんず**をトッピングしており、合計で**4個**となる。

他の3人のトッピングの延べ個数は、3個以下でなければならないので、対応表は次のとおりとなる。

1回目

	A	B	C	D	
アイス	○	×	×	×	1
白玉	○	○	×	○	3
あんず	○	×	×	○	2

2回目

	A	B	C	D	
アイス	×	○	×	×	1
白玉	×	○	○	○	3
あんず	×	○	○	×	2

1 × 2回の注文ともあんずをトッピングした人は**いない**。
2 ○ Aは2回目に**何もトッピングしなかった**。
3 × Bは1回目に**あんずをトッピングしなかった**。
4 × あんみつ1つに対して3種類すべてをトッピングしたのは、1回目のAと2回目のBの**2人**である。
5 × Dは1回目に**アイスをトッピングしなかった**。

問題4 警察官Ⅰ類（2022年度） ·· 本冊P.054

正解：3

イ、ウより、Aは**火曜日**、Bは**月曜日**、Cは**木曜日**、Eは**金曜日**に夜間勤務を行った。

エより、FがB、Cと夜間勤務を行うことから、BとCはいずれも勤続5年以上か5年未満なので共に勤務することはありえず、ウ、エ、オより、Aは金曜日に夜間勤務を行えないので、AとEが共に夜間勤務を行ったのは**火曜日**である。また、FがBと共に夜間勤務を行ったのは**月曜日**である。

すると、オより、Cが夜間勤務を行った2回目は、**土曜日**である。

ここまでのことを、夜間勤務を行った曜日を○、行わなかった曜日を×として表をつくる。

	月	火	水	木	金	土	
A	×	○	×				2
B	○	×		×		×	2
C	×	×	×	○	×	○	2
D	×	×					2
E	×	○	×	×	○	×	2
F	○	×	×				2
	2	2	2	2	2	2	

FがCと共に夜間勤務を行ったのが木曜日だとすると、Dが夜間勤務を行ったのは水曜日と金曜日ということになり、AとBの2回目が入る曜日がなくなる。したがって、Fは、**土曜日**にCと夜間勤務を行った。

　対応表を完成させると、次のようになる。

	月	火	水	木	金	土	
A	×	○	×	○	×	×	2
B	○	×	○	×	×	×	2
C	×	×	×	○	×	○	2
D	×	×	○	×	○	×	2
E	×	○	×	×	○	×	2
F	○	×	×	×	×	○	2
	2	2	2	2	2	2	

　Eは勤続5年以上だから、Eと共に夜間勤務を行った**A**と**D**は勤続5年未満で、勤続年数について対応表をつくると、次のようになる。

	5年以上	5年未満
A	×	○
B	○	×
C	○	×
D	×	○
E	○	×
F	×	○

　したがって、確実にいえることとして、最も妥当なものは、「**Dは勤続5年未満である。**」である。

問題5　国家一般職（2020年度）　·························· 本冊P.055

正解：3

　与えられた条件を、上から順にア〜エとする。

　ア、エより、企画部のDとEは異動していない。また、Cは異動して総務部に、Hは異動して調査部にきた。

　イ、エより、営業部の異動していない2人はBとGである。

　配属されていることを○、配属されていないことを×とし、異動した人を青字で表して、ここまでの内容から対応表をつくる。

異動後	A	B	C	D	E	F	G	H
総務2人		×	○	×	×		×	×
企画2人	×	×	×	○	○	×	×	×
営業3人		○	×	×	×		○	×
調査1人	×	×	×	×	×	×	×	○

　ウより、直近の人事異動の前には、各部にそれぞれ2人ずつが配属され、AとCは同じ部に配属されていたから、異動前の配属を表にすると、次のようになる。

異動前	A	B	C	D	E	F	G	H
総務2人	×	×	×	×	×	○	×	×
企画2人	×	×	×	○	○	×	×	×
営業2人	×	○	×	×	×	×	○	×
調査2人	○	×	○	×	×	×	×	×

　したがって、直近の人事異動で営業部に異動してきたのは、Fであり、Aは総務部に異動した。

1　×　Aは、現在、総務部に配属されている。
2　×　Cは、直近の人事異動の前には、調査部に配属されていた。
3　○　Fは、直近の人事異動の前には、総務部に配属されていた。
4　×　Gは、現在、営業部に配属されている。
5　×　Hは、直近の人事異動の前には、総務部に配属されていた。

正解：5

与えられた条件を、上から順にア〜キとする。

ウ、カより、AはBと講談を鑑賞し、Dと狂言を鑑賞した。

エ、オより、BはCと能を鑑賞し、CはDと歌舞伎を鑑賞した。

2人の組合せより、DはAと狂言を、Cと歌舞伎を鑑賞しているので、落語はBと鑑賞した。

すると、キの文楽は、AとCが鑑賞した。

鑑賞したものを〇、鑑賞していないものを×として、条件から対応表をつくると、以下のようになる。

	A	B	C	D	
能	×	〇	〇	×	2
狂言	〇	×	×	〇	2
歌舞伎	×	×	〇	〇	2
文楽	〇	×	〇	×	2
落語	×	〇	×	〇	2
講談	〇	〇	×	×	2
	3	3	3	3	

次に公演した月を考えると、キより、文楽は8月に公演した。

すると、オより、Cが6月に鑑賞したのは能である。

カより、Dは落語を鑑賞した翌月に、狂言を鑑賞しているので、4月に落語を、5月に狂言を鑑賞した。

イより、3か月連続して鑑賞した者はいなかったから、CがDと鑑賞した歌舞伎は、6月の能と8月の文楽の間の7月ではなく、9月に公演した。

すると、7月は講談を公演した。

よって、古典芸能の公演月は、以下のようになる。

4月	5月	6月	7月	8月	9月
落語	狂言	能	講談	文楽	歌舞伎

したがって、確実にいえるものとして最も妥当なものは、「9月は歌舞伎を公演した。」である。

問題7 国家一般職（2022年度） ··· 本冊P.057

正解：2

与えられた条件を、上から順にア〜オとする。

ある曜日に使用したコーヒー豆は、別の曜日には使用されていないので、7種類のコーヒー豆は3日間に**2種類**、**2種類**、**3種類**という分け方しかあり得ない。また、ア、オより、3種類のうち1種類は**G**であり、**B**と**C**は一緒に使用される。

イ、ウより、Dは、**月曜日**か**水曜日**に使用され、Eが使用される**金曜日**には使用されない。

また、3種類には必ずGが含まれるので、BとCも、Eが使用される金曜日には使用されず、**月曜日**か**水曜日**に使用される。

ウ、エより、Eは金曜日に使用され、Fは水曜日には使用されないから、Fが金曜日に使用されるとき、3種類目として一緒に使用される可能性があるのは**G**であり、Aとは一緒に使用されない。

また、Fが月曜日に使用されるとき、B、Cとは一緒に使用されないから、**D**が月曜日に使用されていて、3種類目として一緒に使用される可能性があるのは**G**であり、Aとは一緒に使用されない。

使用されるものを〇、使用されないものを×として対応表をつくると、A〜Fのパターンが3通りあり、そのどれかにGが加わるパターンが各3通りある。合計9通りが考えられる。　　　　　　　　　　　　　　※Gの曜日で3通りある。

	A	B	C	D	E	F
月曜日	〇			〇	×	
水曜日		〇	〇		×	×
金曜日		×	×	×	〇	〇

×3

	A	B	C	D	E	F
月曜日		〇	〇		×	
水曜日	〇			〇	×	×
金曜日		×	×	×	〇	〇

×3

	A	B	C	D	E	F
月曜日				〇	×	〇
水曜日		〇	〇		×	×
金曜日	〇	×	×	×	〇	

×3

1　×　Aは、Dと一緒に使用されているとは**限らない**。

2　〇　Aは、Fとは一緒に**使用されていない**。

3　×　Aは、水曜日に販売されるブレンドコーヒーに使用されているとは**限らない**。

4　×　Aは、金曜日に販売されるブレンドコーヒーに使用されていないとは**限らない**。

5　×　Aは、他の2種類と一緒に使用されているとは**限らない**。

正解：1

ア、イ、ウより、A、B、Cのだれかが赤色の花が咲いている鉢を2つ購入した。
条件より、3人が購入した鉢の数を記入して表をつくると、以下の3通りとなる。

	A	B	C	合計
赤	2	1	1	4
黄	1	1	1	3
紫	1	1	1	3
合計	4	3	3	10

	A	B	C	合計
赤	1	2	1	4
黄	2	0	1	3
紫	1	1	1	3
合計	4	3	3	10

	A	B	C	合計
赤	1	1	2	4
黄	2	1	0	3
紫	1	1	1	3
合計	4	3	3	10

1 ○　いずれの場合も、Aは、紫色の花が咲いている鉢を1つ購入した。
2 ×　Bは、赤、黄、紫の3色すべての花の鉢を購入したとは限らない。
3 ×　Bは、黄色の花が咲いている鉢を1つ購入したとは限らない。
4 ×　Cは、赤色の花が咲いている鉢を1つ購入したとは限らない。
5 ×　Cは、赤、黄、紫の3色すべての花の鉢を購入したとは限らない。

問題9 警察官Ⅰ類（2019年度） ·· 本冊P.058

正解：4

ア、キより、4人が購入した7本のユリの内訳は、Dが最少で**1本**、その他は2本以上だから、3人とも**2本**ずつ購入した。

イ、カより、4人が購入したバラの本数はそれぞれ異なるので、13本のバラの内訳は、**5本**、**4本**、**3本**、**1本**しかあり得ない。Cが**5本**購入したこともわかる。

ウ、オより、4人が購入した12本のガーベラの内訳は、Bが単独で最も多く、Aが購入したバラの本数とBが購入したガーベラの本数が等しかったから、Bが購入したガーベラは**4本**である。すると、その他の内訳は、**3本**、**3本**、**2本**である。

また、Aが購入したバラは**4本**である。

エを考慮して対応表をつくると、以下のとおりである。

	A	B	C	D	計
バラ	4	1	5	3	13
ガーベラ	3	4	2	3	12
チューリップ	1	3	1	3	8
ユリ	2	2	2	1	7
計	10	10	10	10	40

したがって、確実にいえることとして、最も妥当なものは、「**Cはガーベラを2本購入した。**」である。

問題10 国家一般職（2018年度） ·· 本冊P.059

正解：4

与えられた条件を、上から順にア～エとする。

メニュー及び価格の表より、組み合わせたメニューの合計金額は、1,400円が1通り、1,300円が3通り、1,200円が3通り、1,100円が1通りある。

エより、月、火、水曜日は、**1,400円か1,300円**、木、金曜日は**1,200円**、土曜日は**1,100円**である。

1,100円になる組合せは、いずれも価格の安い**ハンバーグ・スープ・ゼリー**だから、土曜日の組合せが確定する。

1,400円か1,300円になる組合せで、副菜がサラダであるのは3通り、スープであるのは1通りだから、ア、イより、月、火、金曜日の副菜は**サラダ**である。

すると、金曜日の主食・主菜とデザートは安い方だから、金曜日の組合せは、**ハンバーグ・サラダ・ゼリー**と確定する。

1,400円か1,300円になる組合せで、デザートがケーキであるのは3通り、ゼリー

であるのは1通りだから、ア、ウより、火曜日と水曜日のデザートは**ケーキ**である。

また、木曜日と金曜日のデザートも同じだから、木曜日の組合せは**カレー・スープ・ゼリー**と確定する。

注文したことを○、注文していないことを×として、確定することについて対応表をつくると、以下の通りとなる。

	月	火	水	木	金	土
カレー				○	×	×
ハンバーグ				×	○	○
サラダ	○	○		×	○	×
スープ	×	×		○	×	○
ケーキ		○	○	×	×	×
ゼリー		×	×	○	○	○
価格	1,400 か 1,300	1,400 か 1,300	1,400 か 1,300	1,200	1,200	1,100

1 × 月曜日のデザートは、ケーキとは**限らない**。
2 × 火曜日の副菜は、**サラダ**であった。
3 × 火曜日のデザートは**ケーキ**であった。
4 ○ 木曜日の主食・主菜は**カレーライス**であった。
5 × 木曜日の副菜は**スープ**であった。

2 2 位置・方位

問題1 特別区Ⅰ類（2021年度） ············· 本冊P.064

正解：2

ア、イ、ウ、オを図にすると、以下のようになる。

ア、ウ、オ

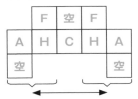

イ

空	B	空
	空	

ここから、エより、D、Fは**3階**に、A、C、Hは**2階**に住んでいる。すると、イより、Bも3階に住んでいて、Gは**101号室**か**201号室**に住んでいる。

他の条件も加味してパターンを考えると、各人の部屋は以下のとおりとなる。

301 空	302 B	303 空	304 F	305 D
201 GかE	202 空	203 C	204 H	205 A
101 GかE	102 (E)	103 (E)	104 (E)	105 空

1 × Aの部屋は**205号室**である。
2 ○ Bの部屋は**302号室**である。
3 × Cの部屋は**203号室**である。
4 × Dの部屋は**305号室**である。
5 × Eの部屋は**105号室**ではない。

正解：3

　与えられた条件を、上から順にア〜オとする。ア、イ、ウ、エを図にすると、以下のようになる。

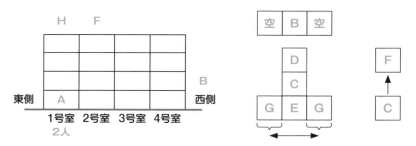

　図よりEとGは1階か2階になるが、2階だとするとBの条件に反するため、EとGは**1階**、Cは**2階**、Dは**3階**に住んでいる。

　Bは2階2号室か2階3号室になるが、2階3号室だとするとE、G、C、Dの入る場所がなくなってしまうため、Bは**2階2号室**、Gは**1階3号室**、Eは**1階4号室**、Cは**2階4号室**、Dは**3階4号室**に住んでいる。

　FやHは3階か4階になるが、住んでいる場所は特定できない。以下のようになる。

	1号室	2号室	3号室	4号室
	空、H	F、空	空	空
	H、空	空、F	空	D
	空	B	空	C
東側	A	空	G	E	西側

1号室　2号室　3号室　4号室

1　×　BとCは**同じ**階に住んでいる。
2　×　DとFは同じ階に住んでいるとは**限らない**。
3　○　HとFは異なる階に住んでいるから、Hの隣の部屋は**空室**である。
4　×　1階に住んでいるのは**3人**である。
5　×　すべての部屋が空室である階は**ない**。

問題3 警察官Ⅰ類（2021年度） ………………………………… 本冊P.066

正解：2

ア、ウ、エを図にすると、以下のようになる。

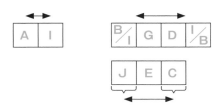

上図とイ、オより、A、B、D、G、Iが前に座るので、残るC、E、F、H、Jが後ろに座る。

あとはその組合せを考えると、以下の2通りのいずれかになる。

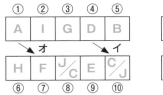 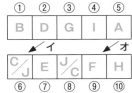

1 ×　①にはAが座っているとは限らない。
2 ○　③にはGが座っている。
3 ×　⑤にはBが座っているとは限らない。
4 ×　⑧にはCが座っているとは限らない。
5 ×　⑩にはHが座っているとは限らない。

問題4 国家一般職（2017年度） ……………………………………… 本冊P.067

正解：4

与えられた条件を、上から順にア〜キとする。
ウ、エより、東側の部屋に隠れたのは次男で、三男と四男は一方が東側、他方が西側の部屋に隠れた。

キより、オオカミは西側の部屋で4匹、東側の部屋で2匹の子ヤギを見付けたから、東側で見付かった子ヤギは次男と三男か四男の一方が確定し、東側に3匹隠れていた場合は、見付からなかった末っ子が3匹目である。

東側に3匹隠れていたとすれば、イ、オ、カより、長男は西側のテーブルの下、五男は西側の暖炉に隠れたことが確定する。これを前提に選択肢を検討する。

1 × 長男は、西側の部屋のテーブルの下に隠れた。
2 × 次男は、東側の部屋に隠れたが、タンスに隠れたとは限らない。
3 × 三男は東側の部屋で、四男は西側の部屋で、それぞれ隠れたとは限らない。
4 ○ 五男は、西側の部屋の暖炉に隠れた。
5 × 末っ子は、柱時計に隠れたが、西側の部屋に隠れたとは限らない。

問題5　国家専門職（2020年度）……………………………………………… 本冊P.068

正解：2

　与えられた条件を、上から順にア〜ウとする。
　アより、Pが見た5種の動物は夜行性ではなく、Hエリアにチーター、Dエリアにクジャクがいる。
　イより、Bエリアにムササビ、Fエリアにアルパカがいる。
　さらに、Qがカフェを出たのが夕方であったこととウより、Pが見ていない夜行性のフクロウはEエリアにいて、池側のGエリアにも夜行性の動物がいる。
　AエリアとCエリアには、一方にキリン、他方にシマウマがいる。

1 × Aのエリアにはシマウマがいるとは限らない。
2 ○ Eのエリアにはフクロウがいる。
3 × Gのエリアには夜行性の動物がいる。
4 × A、D、E、Hのエリアにいる動物のうち1種が夜行性である。
5 × もしQが同様の行動を時計回りでとったとしたら、見ることができた動物は全部で6種である。

正解：4

下図のように、9棟を①〜⑨とする。

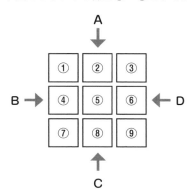

ウより、⑦、⑧、⑨は、**8階建て**の建物である。

すると、イより、①と④は**4階建て**の建物である。

さらに、アより、②と③は**2階建て**の建物である。

条件を満たす配置は、2階建て、4階建て、8階建てをそれぞれ数字で表すと、以下の2通りとなる。

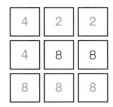 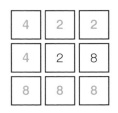

1 × 2階建ては3棟とは**限らない**。
2 × 2階建てと4階建ては同じ棟数とは**限らない**。
3 × 中央に建っているのは**2階建てか8階建て**である。
4 ○ 4階建ては**2棟**である。
5 × 8階建ては5棟とは**限らない**。

問題7 国家一般職（2021年度）⋯⋯⋯⋯⋯⋯⋯⋯⋯⋯⋯⋯⋯⋯ 本冊P.070

正解：2

　Bの発言「一つ目の交差点を右折し、次の交差点を左折」が可能なのは南駅しかないので、Bは南駅を出発している。したがって、キとクが第3ビルか第5ビルのどちらかで、第6ビルはカにあたる。

　そうすると、Aの発言「まず、第4ビルと第6ビルの間を進み」が可能なのは東駅しかないので、Aは東駅、残るCは北駅を出発していることがわかる。したがって、第4ビルはウ、第8ビルはイにあたる。

　また、北駅を出発したCの発言によれば、第1ビルはエにあたる。

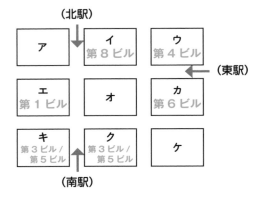

（北駅）

ア	イ 第8ビル	ウ 第4ビル
エ 第1ビル	オ	カ 第6ビル
キ 第3ビル／ 第5ビル	ク 第3ビル／ 第5ビル	ケ

（東駅）

（南駅）

1	×	アは第2ビルであるとは限らない。
2	○	イは第8ビルである。
3	×	エは第1ビルである。
4	×	キは第3ビルであるとは限らない。
5	×	ケは第1ビルではない。

034

問題 8　国家専門職（2022年度）……………………………………………… 本冊P.071

正解：5

　条件より、Aは休憩後に運転していないので、運転席に座ったのは、休憩前がA、休憩後がBである。また、休憩後に2列目に座ったのはDとFである。
　他の条件を加味すると、以下の2通りとなる。

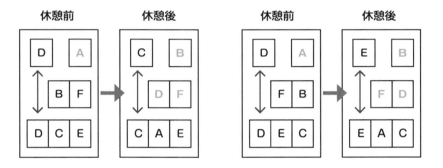

1　×　休憩前には、Dは3列目に座っていたとは**限らない**。助手席かもしれない。
2　×　休憩後には、CはAの隣に座っていたとは**限らない**。助手席かもしれない。
3　×　休憩前も休憩後も助手席に座った者はいなかったとは**限らない**。
4　×　休憩前も休憩後も同じ席に座っていた2人は、CとEの組合せ**ではない**。
5　○　休憩前も休憩後も同じ席に座っていた2人のうちの1人は、**F**である。

正解：3

8脚の椅子を下図のように①〜⑧とする。

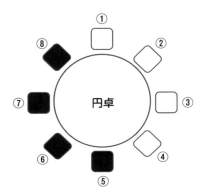

Dに着目すると、ア、エより、A・D・Fは、④・③・②か、③・②・①のいずれかである。

さらに、イ、ウより、8人の位置は次の2通りのいずれかとなる。

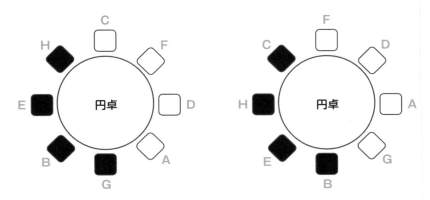

1 × Aから見て、Aの左隣の椅子に**G**が座っている。
2 × Cから見て、Cの左隣の椅子に**F**が座っている。
3 ○ Eは、**黒い椅子**に座っている。
4 × Gは、白い椅子に座っているとは**限らない**。
5 × Hは、**黒い椅子**に座っている。

問題 10 　国家一般職（2022年度）………………………………………… 本冊P.073

正解：4

　与えられた条件を、上から順にア～ウとする。

　ア、イ、ウのすべての条件を満たす②の順番を調べていくと、A→F→C→I→D→G→Aであり、アを満たす①の順番は、B→H→E→Bである。

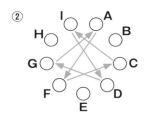 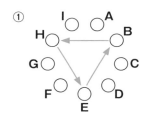

1　×　C は、I へパスした。
2　×　D は、G へパスした。
3　×　E は、B へパスした。
4　○　F は、C へパスした。
5　×　G は、A へパスした。

問題 11 　警察官Ⅰ類（2022年度）………………………………………… 本冊P.074

正解：5

　アより、Aの居室は両隣に部屋のある②、③、⑥、⑨、⑩のどれかであるが、イより、②や③はあり得ない。また、オより、Eが最も北になるため、⑥もあり得ないので、⑨か⑩のいずれかとなる。したがって、イより、Bは③か④のいずれかとなる。

　オより、Eは最も北になるので、①、②、⑤、⑥、⑦のどれかであるが、②だとするとウを満たせない。また、①だとすると、ウより、Cが⑤になってしまって、Eが最も北という条件に反する。したがって、Eは⑤、⑥、⑦のいずれかとなる。

　このとき、Aが⑩だとすると、⑨や⑪は空室になってウを満たせなくなるので、Aは⑨で確定する。したがって、⑧と⑩は空室となり、ウを満たすためにEは⑦、Cは⑪となる。その結果、①、⑤、⑥は空室である。

　最後にカを満たすためにBを④にすれば、Fは③、Dは②となり、エも満たす。空室を×とすると、以下のようになる。

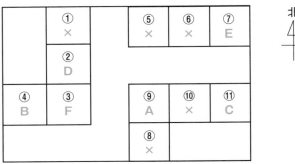

1 × Aの真向かいにEは**住んでいない**。
2 × Bは**F**の隣に住んでいる。
3 × Dの居室は他の5人の居室よりも**南にはない**。
4 × Eの隣は**空室**である。
5 ○ Fの隣の住人は**B**、**D**である。

問題12 特別区Ⅰ類（2022年度）··· **本冊P.075**

正解：4

条件を図示すると、以下のとおりとなる。ただし、漢字は施設の頭文字であり、線分に○が付いたものは距離が同じことを表す。⑨は、⑩よりも距離が長いことを表す。

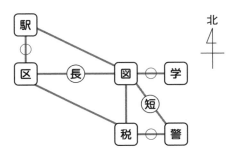

1 × 区役所、図書館、税務署を直線で結ぶと直角三角形となり、区役所から図書館までの距離は、区役所から税務署までの距離より**短い**。
2 × 区役所から一番遠くにある施設は、**警察署**である。
3 × 区役所から図書館までの距離は、税務署から警察署までの距離の1.4倍より長いとは**限らない**。
4 ○ 図書館から一番遠くにある施設は、**駅**である。

5 × 図書館から学校までの距離と、図書館から税務署までの距離を比較できる
　　条件が示されていないから、図書館から一番近くにある施設は、税務署とは限
　　らない。

問題 13　警察官Ⅰ類（2019年度）……………………………………………… 本冊P.075

　　正解：5

与えられた条件を、上から順にア～キとする。
ア、イ、エより、A、B、Dは、ABを斜辺とする直角二等辺三角形である。
他の条件を加味して図示すると、以下のとおりとなる。

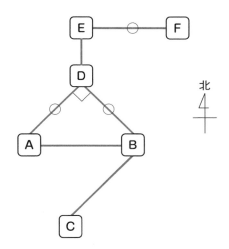

北

1 × Aの家はCの家の北西にあるとは限らない。
2 × Cの家はDの家の真南にあるとは限らない。
3 × BD間の家の距離とDE間の家の距離は等しいとは限らない。
4 × 6人の家の中ではCの家が最も西にあるとは限らない。
5 ○ 6人の家の中ではFの家が最も東にある。

問題1 裁判所職員（2018年度） ……………………………………………………… 本冊P.080

正解：2

ア、イより、自由形で（A，B）＝（1位，3位）か（2位，4位）となるが、（1位，3位）とすると、CかDが2位ということになる。しかし、ウより、DもCも自由形で2位ではないため、自由形のAの順位は**2位**であり、Bは**4位**で確定する。

ア、ウより、平泳ぎでDは1位か2位だが、Dを1位とすると、Cは2位で、自由形で2位だったAは3位となり、Bが4位となる。これはエに反するため、平泳ぎでDは**2位**、Cは**3位**で、Aは**4位**である。

イより、自由形で2位のAは、平泳ぎで2位だったDより上位だったから、自由形の1位は**C**である。

よって、2種目の順位は以下のとおりとなる。

	自由形	平泳ぎ
1位	C	B
2位	A	D
3位	D	C
4位	B	A

1 × 2種目とも1位だった者は**いない**。
2 ○ 2種目のうち一方が1位で他方が4位の者は**B**である。
3 × Bは自由形で**4位**だった。
4 × 自由形のDの順位はAより1位**下**だった。
5 × 平泳ぎのCの順位はBより**2位**下だった。

問題2 東京都Ⅰ類（2018年度） ……………………………………………………… 本冊P.080

正解：5

オより、E部が5位であった月を場合分けしてみる。
① E部が5位であった月が7月と8月の場合

アより、8月と9月にかけて2つ順位を上げるA部とB部は、7月→8月→9月で（4位→3位→2位）と（3位→2位→1位）のどちらかとなる。

ウより、7月にDが1位だったとすると、8月は3位となり、アに反するため、Dは7月には**2位**で8月は**4位**である。すると、C部は7月には1位である。

さらに、イ、エを加味すると、順位は以下のとおりとなる。

	7月	8月	9月
1位	C	C	B
2位	D	B	A
3位	B	A	D
4位	A	D	E
5位	E	E	C

② E部が5位であった月が7月と9月の場合

　ウ、エより、D部は8月が3位となるが、①と同様アに反する。

③ E部が5位であった月が8月と9月の場合

　ア、ウより、D部は7月が2位で、8月が4位、イ、エより、7月はC部が1位でB部が3位、A部が4位、E部が5位となり、オに反する。

　したがって、C部の9月の順位は**5位**である。

問題3 国家一般職（2021年度）…………………………………… 本冊P.081

　正解：5

　Dの発言によれば、Dは（短距離走→ハードル走）で（1位→5位）になったことがわかる。Cの発言である「1回だけ順位が変わった」はDを抜いたことによるもので、それ以外はCに変動はないことがわかる。

　次に、Bの発言によれば「3人のランナーを抜いた」とあるが、前述のとおりCは順位変動がないので、残る**A、D、E**を抜いていることがわかる。また、「2人のランナーに抜かれた」とあるが、Cは順位変動がなく、前述のとおりDもBを追い抜かないので、残る**A、E**に抜かれたことがわかる。

　あとは、A、B、Eに着目して順位変動の途中経過を考える。前述のとおり、Bは当初はA、Eよりも後ろにいたものの、いったんA、Eを抜いて、しかしA、Eに抜き返されている。さらに、Eの発言よりEは常にAの前を走っているので、以下のような状況であることがわかる。

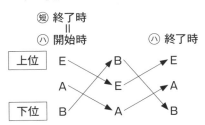

　この間、Cは順位変動がないので、2位の状態からDを抜いて1位になるか、もしくは5位の状態からDを抜いて4位になるかのどちらかである。しかし、Cの発

言より１位はあり得ないので、Cは（**5位→4位**）という流れになる。したがって、短距離走を終えたときと、最終順位は以下のようになる。

	短距離走終了時	最終順位
1位	D	E
2位	E	A
3位	A	B
4位	B	C
5位	C	D

　Aの最終順位は**2位**で、Cの短距離走を終えたときの順位は**5位**だから、その和は、**7**である。

問題4　裁判所職員（2021年度）··························· 本冊P.082

　　正解：5

すれ違った人数から順位を推測する。
　アより、Aが１位〜４位のときFは**5位**であり、Aが５位か６位のときFは**4位**である。
　イより、Bが１位〜５位のときDは**6位**であり、Bが６位のときDは**5位**である。
　ウより、Cが１位か２位のときEは**3位**であり、Cが３位〜６位のときEは**2位**となるが、エに反する。
　さらに、オを加味すると、6人の順位は以下のとおりとなる。

1 位	2 位	3 位	4 位	5 位	6 位
AかC	CかA	E	B	F	D

1　×　Aは1位であったとは**限らない**。
2　×　Bは**4位**であった。
3　×　CはAより遅くゴールしたとは**限らない**。
4　×　Dは**6位**であった。
5　○　EはCより**遅く**、Bより**早く**ゴールした。

問題5 国家専門職（2020年度）………………………………………………… 本冊P.083

正解：**2**

　与えられた条件を、上から順に①～⑥とする。
　③と⑤より、変更後の順番は**C→A→E**であることがわかる。そこで、C→A→E
が（1番目→2番目→3番目）、（2番目→3番目→4番目）、（3番目→4番目→5番目）
の3通りに場合分けをする。

① **変更後のC→A→Eが（1番目→2番目→3番目）の場合**
　①より、Aの順番は変わらないので、変更前もAは**2番目**となり、⑤より、変更
前のEは**1番目**である。⑥より、CかAは変更前に4番目でなければならず、Aは
2番目で確定しているので、Cの変更前が**4番目**である。②より、Bは変更前より
変更後が遅くなるので、Bの変更前は**3番目**になり、変更後のBは4番目か5番目
となる。ここまでのことをまとめると、以下のようになる。

変更前

1番目	2番目	3番目	4番目	5番目
E	A	B	C	D

変更後

1番目	2番目	3番目	4番目	5番目
C	A	E	BかD	BかD

② **変更後のC→A→Eが（2番目→3番目→4番目）の場合**
　④より、変更後のDは**5番目**、残るBは変更後に**1番目**となるが、これは②に
反するのであり得ない。

③ **変更後のC→A→Eが（3番目→4番目→5番目）の場合**
　④に反するのであり得ない。

1　×　Aの出演順は、**2番目**であった。
2　○　Bの変更前の出演順は、**3番目**であった。
3　×　Cの変更前の出演順は、**4番目**であった。
4　×　Dの変更後の出演順は、5番目とは**限らない**。
5　×　Eの変更後の出演順は、**3番目**であった。

問題6 国家一般職（2022年度）·· 本冊P.084

正解：3

　5人の発言より、受付に向かってBは**一番前**、A、C、Eは一番後ろではないので、Dが**一番後ろ**である。

　Bの発言より、Bのすぐ後ろは白い服、CとDの発言より、Dは**赤い服**で、そのすぐ前は青い服だから、**黒い服**を着たCは、前から**三番目**、一番前のBは**茶色の服**を着ている。

　さらに、Dは**カメ**を連れていたから、AはDの前ではなく、Bのすぐ後ろで**白い服**を着ている。するとEはDのすぐ前で**青い服**を着ている。

　ウサギとハムスターは、AとEのいずれが連れているのかを確定できない。

受付		
B	茶	犬
A	白	
C	黒	猫
E	青	
D	赤	カメ

1 × Aがハムスターを連れていたとは**限らない**。
2 × Bは**茶色の服**を着ていた。
3 ○ Cは**前から三番目**に並んでおり、**猫**を連れていた。
4 × Eがウサギを連れていたとは**限らない**。
5 × Eは**青い服**を着ていた。

問題7 国家一般職（2018年度）·· 本冊P.085

正解：3

　与えられた条件を、線分図に表すと、以下のとおりとなる。ただし、AはAが本を読み始めた時点を、A×はAが本を読み終えた時点を表し、数字の単位は分である。CとFが本を読み始めてからAが本を読み終わるまでの時間をa分とする。

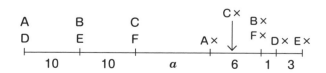

よって、A〜Fがそれぞれ本を読み始めてから読み終わるまでに要した時間は、以下のとおりとなる。ただし、Cが要した時間を x とする。

A	B	C	D	E	F
$20 + a$	$16 + a$	$a < x < 6 + a$	$27 + a$	$20 + a$	$6 + a$

また、表より、要した時間の長さは、C＜F＜B＜A＝E＜Dとなる。

1　×　Aは、6人の中で**4番目**に短かった。
2　×　Bは、6人の中で**3番目**に短かった。
3　○　Cは、6人の中で**最も短かった**。
4　×　Dは、6人の中で**最も長かった**。
5　×　Fは、6人の中で**2番目**に短かった。

問題 8　特別区Ⅰ類（2018年度）　……………………………………… 本冊P.086

正解：2

　ア、イ、ウより、Aより体重が重いのは**B**と**E**のみで、EはAより**2kg**重く、BはEより**4kg**重い。つまり、BはAより**6kg**重い。
　さらに、オより、CはEより4kg軽く、エより、DはCより3kg軽い。
　6人の体重差を数直線で表すと、以下のとおりとなる。ただし、一目盛りは1kgで、右の方が体重が重い。

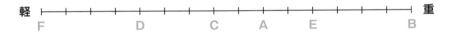

1　×　AはDより**5kg重い**。
2　○　BはFより**15kg重い**。
3　×　CはEより**4kg軽い**。
4　×　DはFより**4kg重い**。
5　×　EはDより**7kg重い**。

正解：3

　最も大きい得点差であるエのCとDの**7点**差を基準とする。条件ア～オを図にすると、以下のとおりとなる。

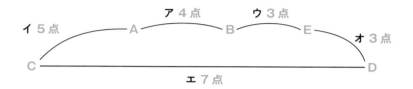

　エ以外の得点差の合計は5＋4＋3＋3＝**15点**だから、エとの差は15－7＝**8点**。数直線に表すためには、**4点**をマイナスしなければならないから、アの**4点**差を反対方向に向けて図にすると、以下のとおりとなる。

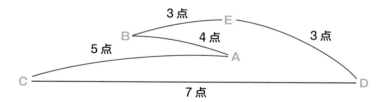

　5人の得点差を数直線で表すと、以下のとおりとなる。ただし、一目盛りは1点で、カより、**A**は**E**よりも得点が高かったから、右の方が得点が高い。

　求める**B**の得点をxとすると、それぞれの得点は、A＝x＋**4**、C＝x－**1**、D＝x＋**6**、E＝x＋**3**である。
　キより、5人の平均点は71.4点だから、

$$\frac{(x+4)+x+(x-1)+(x+6)+(x+3)}{5}=71.4$$

　これを解くと、x＝**69点**である。

正解：３

　タイム差が最も大きいオのEとFの**13分**を基準とする。条件ア〜カを図にすると、以下のとおりとなる。

　オ以外のタイム差の合計は10＋5＋6＋4＋6＝**31分**だから、オとの差は31－13＝**18分**。数直線で表すためには、**9分**をマイナスしなければならないから、9分になるのはアの**4分差**とカの**5分差**の組合せしかない。図にすると、以下のとおりとなる。

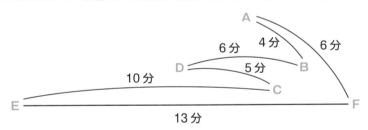

　6人のタイム差を数直線で表すと、以下のとおりとなる。ただし、一目盛りは1分で、オより、右の方がタイムが速い。

　したがって、3位であった者は**C**である。

正解：3

　タイム差が最も大きいエのDとEのタイム差**27分**を基準とする。条件ア～カを図にすると、以下のとおりとなる。

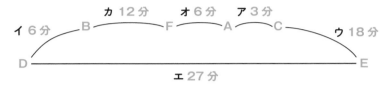

　エ以外のタイム差の合計は6＋12＋6＋3＋18＝**45分**だから、エとの差は45－27＝**18分**。数直線で表すためには、**9分**をマイナスしなければならないから、9分になるのは、**ア**と**イ**の組合せと**ア**と**オ**の組合せがある。

　条件からは、速い順はわからないので、それぞれの場合について、2通り考えられる。

アとイの場合

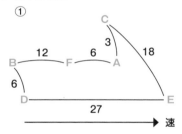

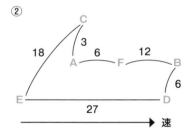

アとオの場合

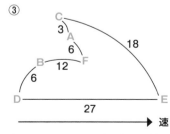

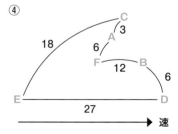

　さらに、Aのタイムが6人の平均タイムより速かったことから、それぞれの場合について確かめる。

　①の場合、Aのタイムをx分とすると、Bは$x＋18$分、Cは$x＋3$分、Dは$x＋12$分、Eは$x－15$分、Fは$x＋6$分より、6人の平均タイムは、

$$\frac{x+(x+18)+(x+3)+(x+12)+(x-15)+(x+6)}{6}=x+4\text{分}$$

だから、Aのタイムが6人の平均タイムより速いという条件を満たす。すると、逆である②は条件に反する。

③の場合、Aのタイムを x 分とすると、Bは $x+6$ 分、Cは $x+3$ 分、Dは $x+12$ 分、Eは $x-15$ 分、Fは $x-6$ 分より、6人の平均タイムは、

$$\frac{x+(x+6)+(x+3)+(x+12)+(x-15)+(x-6)}{6}=x$$

だから、Aのタイムが6人の平均タイムより速いという条件に反し、④も同様に条件に反する。

以上より、数直線で表すと、以下のとおりとなる。ただし、一目盛りは3分であり、右の方がタイムが速い。

したがって、EとFの着順の組合せは、Eが**1位**、Fが**4位**である。

2 4 リーグ戦

問題1 裁判所職員（2021年度） ································ 本冊P.092

正解：2

1チームあたり、自チーム以外と5－1＝4試合をしているので、それをふまえて勝ち点の内訳を考える。

ア、イより、Aは**2勝1敗1引き分け**、Bは**2勝2敗**、Eは**3勝1引き分け**である。
ウ、エより、引き分けたチームは、**AとD、CとE**である。

1　×　BはCに負けたとは**限らない**。
2　○　CはEと**引き分けた**。
3　×　DはCに勝ったとは**限らない**。
4　×　AはEに勝ったとは**限らない**。
5　×　EはDと**引き分けていない**。

問題2 警察官Ⅰ類（2018年度） ································ 本冊P.092

正解：5

1日目に行われた試合を1と書くことにして、以下同様に何日目に行われたかを数字で表す対戦表をつくる。

	A	B	C	D	E	F
A		3				
B	3				2	
C				4		
D			4		5	
E		2		5		
F						

Bは、4日目にはC、D以外と対戦しているので、**F**と対戦した。
すると、Eは、4日目にはB、C、D、F以外と対戦しているので、**A**と対戦した。
Dは、3日目にはA、B以外と対戦しているので、**F**と対戦した。
すると、Eが3日目に対戦したのは**C**となり、1日目には**F**と対戦した。

	A	B	C	D	E	F
A		3			4	
B	3				2	4
C				4	3	
D			4		5	3
E	4	2	3	5		1
F		4		3	1	

したがって、Fが1日目に対戦した相手はEである。

問題3 消防官Ⅰ類（2021年度） ……………………………………………… 本冊P.093

正解：5

各人の発言から、勝敗表をつくる。ただし、勝ちを○、敗けを×、引き分けを△で表す。

	A	B	C	D	E	F	勝敗数
A						×	3勝2敗
B			×	△		×	
C		○				○	勝＜敗
D		△			○	×	
E			×			×	
F	○	○	×	○	○		4勝1敗

Cの発言より、Cは**2勝3敗**になることがわかるので、CはA、D、Eに負ける。
Aの発言より、引き分けは2試合あるが、A、C、Fは引き分けをしておらず、まだ勝敗結果が確定していない試合で引き分けになれるのは**BとE**の試合しかない。残ったAとB、AとD、AとEの試合結果は本問の条件だけでは確定しない。

	A	B	C	D	E	F	勝敗数
A			○			×	3勝2敗
B			×	△	△	×	
C	×	○		×	×	○	2勝3敗
D		△	○		○	×	
E		△	○	×		×	
F	○	○	×	○	○		4勝1敗

したがって、確実にいえることとして、最も妥当なものは、「**Bは2回引き分けた。**」である。

正解：**5**

　自チーム以外の4－1＝3チームと総当たり戦を2回行ったから、各チームの試合数はそれぞれ**6試合**である。

　イ、オより、Bは勝った試合がなく、引き分けが2試合だから、**0勝4敗2引き分け**である。

　ウ、オより、Cは勝った試合が4試合以上で、引き分けが1試合だから、**4勝1敗1引き分け**か、**5勝1引き分け**である。

　すると、アより、AがCと対戦した結果は、2試合とも同じであったから、AはCに**2敗**している。

　また、Aは、オより、2引き分けだから、**2勝2敗2引き分け**である。

　エより、DはAに対して**2敗**、または**1敗1引き分け**である。

　以上のことから、あり得る可能性を考えて勝敗表をつくる。ただし、勝ちは○、負けは×、引き分けは△で表す。

	A	B	C	D	勝敗数
A		△△	××	○○	2勝2敗2引き分け
B	△△		××	××	0勝4敗2引き分け
C	○○	○○		?△	4勝1敗（5勝）1引き分け
D	××	○○	?△		1引き分け

	A	B	C	D	勝敗数
A		○△	××	○△	2勝2敗2引き分け
B	×△		×△	××	0勝4敗2引き分け
C	○○	○△		○?	4勝1敗（5勝）1引き分け
D	×△	○○	×?		1引き分け

　すると、DはBに**2勝**している。

1　×　Aが勝った試合は、**2試合**であった。
2　×　Bは、Cとの対戦で**2敗か1敗1引き分け**であった。
3　×　Cは、Dとの対戦で少なくとも1試合負けたとは**限らない**。
4　×　Dが勝った試合は、3試合であったとは**限らない**。
5　○　同じチームに2試合とも勝ったのは、**2チーム以上**であった。

問題5　警察官Ⅰ類（2022年度）……………………………………………… 本冊P.094

正解：3

条件により、勝敗表をつくる。ただし、勝ちは〇、敗けは×で表す。

	A	B	C	D	E	勝敗数
A			〇	〇	×	
B					〇	
C	×			×	×	
D	×		〇		×	
E	〇	×	〇	〇		3勝1敗

　勝利数が最少のものは2人いたことから、最少を0勝にすることはできない。そこで、Cは少なくとも**1勝**していて、**B**に勝利している。Cは**1勝3敗**であり、もう1人の候補はBかDである。

　以上をふまえて、あり得る可能性を考えて勝敗表をつくると、以下のとおりとなる。

	A	B	C	D	E	勝敗数
A		〇か×	〇	〇	×	
B	×か〇		×	×か〇	〇	
C	×	〇		×	×	1勝3敗
D	×	〇か×	〇		×	
E	〇	×	〇	〇		3勝1敗

1　×　Bは、最多でも3勝しかできないから、**単独**最多勝利者ではない。

2　×　BがAに勝利しているならば、勝利数が最小のもののもう1人はDとなるため、DはBに**敗れている**。

3　〇　DがBに勝利しているならば、勝利数が最小のもののもう1人はBとなるため、AはBに**勝利している**。

4　×　DがBに勝利しているならば、勝利数が最小のもののもう1人はBとなるため、BがAに**敗れている**。

5　×　Eは、単独最多勝利者であるとは**限らない**。

正解：4

条件により、勝敗表をつくる。ただし、勝ちは○、敗けは×で表す。

	A	B	C	D	E	F	勝敗数
A		○	×	○			3勝2敗
B	×			×	×	×	
C	○				×		3勝2敗
D	×	○				○	
E		○	○				4勝1敗
F		○		×			

ウより、Cチームは、最下位のチームに負けているので、すでに4敗が確定しているBチームに負けた。

すると、Cチームは、3勝2敗であったから、DチームとFチームには勝った。

カより、Fチームは、最下位のチームよりも勝敗が1勝だけ多かったから、AチームかEチームに勝って、2勝3敗になる。

	A	B	C	D	E	F	勝敗数
A		○	×	○			3勝2敗
B	×		○	×	×	×	1勝4敗
C	○	×		○	×	○	3勝2敗
D	×	○	×			○	
E		○	○				4勝1敗
F		○	×	×			2勝3敗

そこで、FチームがAチームに勝った場合と、Eチームに勝った場合に場合分けして考える。

① **FチームがAチームに勝った場合**

アより、Aチームは、3勝2敗であったから、Eチームに勝ったことになる。

すると、オより、Eチームは4勝1敗であったから、Eチームは、DチームとFチームに勝ったことになる。

	A	B	C	D	E	F	勝敗数
A		○	×	○	○	×	3勝2敗
B	×		○	×	×	×	1勝4敗
C	○	×		○	×	○	3勝2敗
D	×	○	×			○	2勝3敗
E	×	○	○	○		○	4勝1敗
F	○	○	×	×	×		2勝3敗

② **FチームがEチームに勝った場合**

　オより、Eチームは4勝1敗であったから、Eチームは、**A**チームと**D**チームに勝ったことになる。

　すると、アより、Aチームは、3勝2敗であったから、AチームはFチームに勝ったことになる。

	A	B	C	D	E	F	勝敗数
A		○	×	○	×	○	3勝2敗
B	×		○	×	×	×	1勝4敗
C	○	×		○	×	○	3勝2敗
D	×	○	×		×	○	2勝3敗
E	○	○	○	○		×	4勝1敗
F	×	○	×	×	○		2勝3敗

　いずれの場合も、DチームはEチームに負けていて、Dチームの勝敗が確定する。

1　×　Aチームは、Eチームに勝ったとは限らない。
2　×　Bチームは、Cチームに勝った。
3　×　Cチームは、Dチームに勝った。
4　○　Dチームは、Eチームに負けた。
5　×　Eチームは、Fチームに勝ったとは限らない。

正解：2

条件により、勝敗表をつくる。ただし、勝ちは〇、負けは×、引き分けは△で表す。

	A	B	C	D	勝敗数
A			〇		1勝□敗□分
B					□勝2敗□分
C	×				1勝1敗1分
D					□勝0敗□分

Bは2敗しているが、Aに負けるとAはC以外に勝ってしまうのであり得ない。したがって、BはCとDに負ける。したがって、CはDと引き分けたことがわかる。

	A	B	C	D	勝敗数
A			〇		1勝□敗□分
B			×	×	□勝2敗□分
C	×	〇		△	1勝1敗1分
D		〇	△		□勝0敗□分

オより、2試合引き分けしたチームが1つだけになるのは、AとDが引き分け、BがAに勝つ場合だけである。

よって、各チームの対戦結果と勝率は、以下のとおりとなる。

チーム	対戦結果	勝率
A	1勝1敗1分	5割
B	1勝2敗	3割3分3厘
C	1勝1敗1分	5割
D	1勝2分	10割

したがって、確実に言えるのは「2勝したチームはない。」である。

2 5 トーナメント戦

問題1 特別区Ⅰ類（2022年度） ⋯⋯⋯⋯⋯⋯⋯⋯⋯⋯⋯⋯ 本冊P.100

正解：1

本問のトーナメント表は左右対称だから、勝ち進み方を下のように固定して考える。

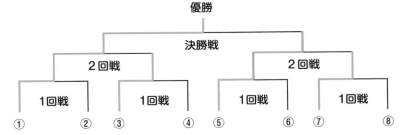

アのチームは優勝するので①であり、②が**B**である。

イのチームは2回戦目でも勝って決勝戦に行くので⑤であり、⑥が**A**、⑦が**C**である。

ウのチームは2回戦目で負けるので、残るところから探すと③であり、④が**G**、①が**F**である。

エより、**D**は②で**F**に負けることになる。

オより、**E**は2回試合ができるところで考えると③であり、残る**H**は⑧である。

以上より、トーナメント表は以下のとおりとなる。

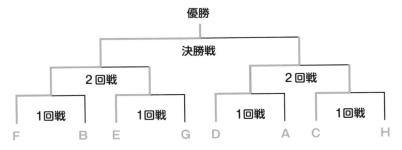

1 〇 Aチームは、**D**チームと対戦した。

2 ✕ Bチームは、**F**チームと対戦した。

3 ✕ Cチームは、1回戦で**H**チーム、2回戦で**D**チームと対戦した。Gチームとは対戦していない。

4 ✕ Dチームは、1回戦で**A**チーム、2回戦で**C**チーム、決勝戦で**F**チームと対戦した。Eチームとは対戦していない。

5 ✕ Fチームは、1回戦で**B**チーム、2回戦で**E**チーム、決勝戦で**D**チームと対戦した。Hチームとは対戦していない。

正解：4

　与えられた条件を、上から順にア〜オとし、トーナメント表は左右対称だから、ア、イより、勝ち進み方を下のように固定して考える。

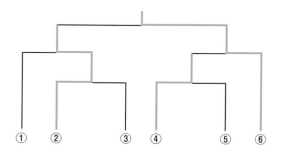

ウより、④が**A**である。
オより、①が**D**であり、②が**E**である。
エより、③と⑤のどちらか一方が**B**で、他方が**C**である。残る⑥が**F**となる。

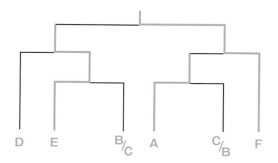

1　×　Aチームは、1試合目で**C**チームか**B**チームのどちらかと対戦した。
2　×　Bチームは、1試合目で**E**チームか**A**チームのどちらかと対戦した。
3　×　Dチームは、**E**チームと対戦し、**B**チームとは対戦しなかった。
4　○　Eチームは、**F**チームとも対戦し、準優勝した。
5　×　Fチームは、**A**チームとも対戦し、優勝した。

問題3　国家一般職（2020年度）　………………………………………………　本冊P.102

正解：**4**

　与えられた条件を、上から順にア～エとする。

　10人のトーナメント戦なので、試合数は10－1＝9（試合）であり、全体では**9勝9敗**である。アより、2勝が3人おり、ここで2×3＝**6**（勝）している。また、トーナメント表によれば、どの勝ち進み方でも3勝しないと優勝まで行けないので、残りは**3勝**が1人いることになる。

　イより、Bと準決勝で対戦するIは、**C**の1回戦の相手（左から4つ目）でなければならない。また、Bが優勝すると4勝になってしまうので、優勝したのは**I**であることがわかる。

　エより、Hは**右端**であることがわかり、ウより、FはJと対戦しないので、Fの1回戦の相手（右から2つ目）は残る**G**である。Jは左から3つ目に入る。

　エより、Fは1回戦でG、2回戦でHに勝つことになり、ウより、FはEとは対戦しないので、1回戦のDとEの対戦は**D**が勝つことになる。

ここまでのトーナメント表と勝ち数をまとめると、以下のようになる。

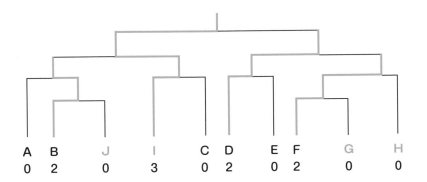

A	B	J	I	C	D	E	F	G	H
0	2	0	3	0	2	0	2	0	0

1　×　ちょうど1勝したのは、**0人**であった。

2　×　GとCは**対戦していない**。

3　×　Fは**準決勝**で負けたので、準優勝ではない。

4　○　Iは**D**と決勝戦で対戦した。

5　×　Jは1試合目で**負けた**。

正解：5

　トーナメント表と発言から矛盾するところを探す。すると、**C**と**D**が1試合勝つと、2試合目で直接対戦するため、どちらも1試合だけ勝つことはありえないので、一方がウソをついている。

　このとき、A、E、Gは本当のことを言っているから、Gの発言より、Dは決勝まで行くので、ウソをついているのは**D**であり、Cは本当のことを言っている。

　すると、Aの発言より、①は**F**であり、③は**G**となる。また、Eの発言より、Eが準決勝でHと対戦するためには、同じ右ブロックの④か⑤のどちらかである必要があり、②が**I**である。

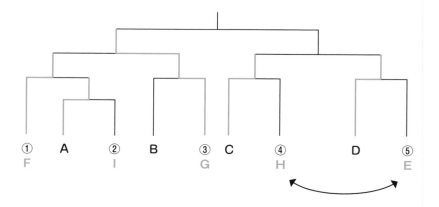

1　×　Aは**2回戦**で負けた。
2　×　Bは**1回戦**で負けた。
3　×　Cは**ウソをついていない。**
4　×　Eは**C**に**勝っていない**し、**H**と**対戦していない。**
5　○　Fは**1試合だけ勝った。**

2 6 嘘つき

問題1 警察官Ⅰ類（2019年度） ································· 本冊P.108

正解：4

　Aの発言が**本当**だと仮定すると、BとCはともに嘘つきであるが、Aが**本当**のことを言っていることと矛盾しない。

　同様に、Bの発言が本当であるときも、Cの発言が本当であるときも、他の2人の発言が嘘になり、矛盾は生じない。

　したがって、確実にいえることとして、最も妥当なものは、「**3人のうち、2人が嘘をついている。**」である。

問題2 消防官Ⅰ類（2017年度） ································· 本冊P.108

正解：1

　5人の発言において、登場回数が多いのはAとDだから、ここではAを基準に考えることとする。

① Aの発言が正しい場合

　Aの発言からAとDがペアを組み、Dの発言からDとEもペアを組んだが、Bの発言からBとDもペアを組んでいるから、**BかD**のいずれかがうその証言をしている。

　また、Cの発言からCとAがペアを組み、Eの発言からEとAもペアを組んでいるから、**CとE**のいずれかがうその証言をしている。

　すると、うその証言をしている者が**2人**となり、条件に反する。

② Aの発言がうそである場合

　他の4人の発言が正しいことになり、以下のとおり、組合せ表が確定する。ただし、〇はペアを組んだこと、×はペアを組んでいないことを表す。4人の発言に矛盾は生じない。

	A	B	C	D	E
A		×	〇	×	〇
B	×		〇	〇	×
C	〇	〇		×	×
D	×	〇	×		〇
E	〇	×	×	〇	

　したがって、うその証言をした者は**A**である。

正解：1

　合格した人は1人しかいないので、合格した人で仮定して場合分けをする。その際には、以下のように本当なら○、嘘なら×で表にまとめて、発言ごとに縦に検討していくとよい。

　Aによれば、AかDが合格者であれば嘘、B、C、Eが合格者であれば本当の発言である。

　Bによれば、CかEが合格者であれば本当、A、B、Dが合格者であれば嘘の発言である。

　Cによれば、AかBが合格者であれば嘘、C、D、Eが合格者であれば本当の発言である。

　Dによれば、AかDが合格者であれば本当、B、C、Eが合格者であれば嘘の発言である。

　Eによれば、BかEが合格者であれば嘘、A、C、Dが合格者であれば本当の発言である。

発言

		A	B	C	D	E
合格者	A	×	×	×	○	○
	B	○	×	×	×	×
	C	○	○	○	×	○
	D	×	×	○	○	○
	E	○	○	○	×	×

　本当の発言が1人になるのは、**B**が合格者のときだけである。したがって**B**が合格者であり、そのときに本当のことを言っているのは**A**である。

問題4 国家一般職（2017年度） 本冊P.109

正解：4

Cのラベル：「Dは空箱である。」とは、言い換えれば「Dは嘘をついている」という意味なので、ここでパターンを絞ることができる。つまり、Cが空箱でない＝正しいならば、Dは空箱である＝誤りであり、逆にCが空箱である＝誤りならば、Dは空き箱でない＝正しいといえる。この時点で（C、D）＝（空箱である、空箱でない）、（空箱でない、空箱である）のどちらかしかないので、**必ずどちらかが空箱であり、どちらかが空箱でない**ことになる。

したがって、Aのラベル：「CまたはDは空箱である」は正しいので、**Aは空箱ではない**ことがわかる。そうすると、Bのラベル：「Aが空箱であるならば」はそもそも成り立たないので、Bが空箱かどうかは不明である。

また、Dのラベル：「AおよびBは空箱である」は、前述よりAが空箱でないことが確定しているので誤りであり、**Dは空箱である**ことが確定するので、この時点で正解は判断できる。

なお、Eのラベル：「Dが空箱であるならば、Eは空箱でない」は、すでにDが空箱であることが確定しており、Eが空箱でないならこのラベルは正しく、Eが空箱であるならこのラベルは誤りで、どちらも矛盾はしないので不明である。

正解：3

　嘘つきが1人しかいないので、A、B、Cそれぞれを嘘つきだと仮定して場合分けするとよい。

① Aが嘘つきの場合

　Aの真向かいはDであることになり、以下の2通りが考えられるが、どれもCとDが隣り合ってしまうので、Cも嘘つきになってしまい、矛盾する。

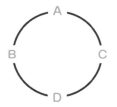 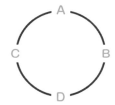

② Bが嘘つきの場合

　Bの隣はAでないことになるので、以下の2通りが考えられる。これだとAやCの証言は矛盾しない。

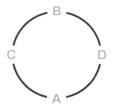 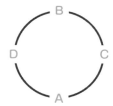

③ Cが嘘つきの場合

　CとDは隣り合うことになり、さらにAの証言は正しいので、AとDを真向かいにしないようにすると、以下の2通りが考えられる。Bの証言も矛盾しない。

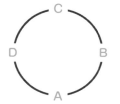 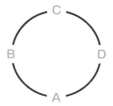

　よって、座り方は①と③の**4通り**がある。

特別区Ⅰ類（2022年度） ··· **本冊P.110**

正解：4

5人の発言のうち、Bの発言の後半とCの発言の前半が明らかに矛盾するので、一方が本当で他方が誤りである。ここで場合分けをする。

① Bの発言の後半が本当でCの発言の前半が誤りの場合

Bの発言より、Eは3位ではなく、Cは**4位**である。

Cの発言より、Aは4位ではなく、Dは**5位**である。

すると、Eの発言より、Bは2位ではなく、Dは**5位**である。

このとき、Aの発言より、Cは**1位**で、Bは2位ではないことになり、Cの順位が矛盾する。

② Bの発言の後半が誤りでCの発言の前半が本当の場合

Bの発言より、Eが**3位**で、Cは4位ではない。

Cの発言より、Aが**4位**で、Dは5位ではない。

すると、Eの発言より、Bは**2位**で、Dは5位ではない。

このとき、Aの発言より、Cは1位ではなく、Bは**2位**であり、また、Dの発言より、Cは1位ではなく、Eは**3位**だから、いずれの順位も矛盾しない。

これより、確定する順位は以下のとおりとなる。

1 位	2 位	3 位	4 位	5 位
D	B	E	A	C

したがって、確実にいえるのは、「**Dが、1位だった。**」である。

特別区Ⅰ類（2020年度） ··· **本冊P.111**

正解：2

当選した人は1人しかいないので、当選した人で仮定して場合分けをする。その際には、以下のように当選したなら○、当選していないなら×で表にまとめて、発言ごとに縦に検討していくとよい。

Aによれば、BかCが当選者であれば**本当**、A、D、Eが当選者であれば**嘘**の発言である。

Bによれば、AかCが当選者であれば**本当**、B、D、Eが当選者であれば**嘘**の発言である。

Cによれば、DかEが当選者であれば**本当**、A、B、Cが当選者であれば**嘘**の発言である。

Dによれば、CかDが当選者であれば**嘘**、A、B、Eが当選者であれば**本当**の発言

である。

　Eによれば、BかDが当選者であれば**本当**、A、C、Eが当選者であれば嘘の発言である。

発言

		A	B	C	D	E
当選者	A	×	○	×	○	×
	B	○	×	×	○	○
	C	○	○	×	×	×
	D	×	×	○	×	○
	E	×	×	○	○	×

　本当の発言が3人、嘘の発言が2人になるのは、**B**が当選者のときだけである。

問題8　裁判所職員（2020年度）　……………………………………………… **本冊P.112**

正解：3

　BとCの発言がどちらもウソだとすると、Cの順位が矛盾するので、BかCのどちらかが本当のことを言っている。

　また、Aの発言が本当だとしたら、Aはウソをついている3位〜5位ではないから、Aは**2位**であり、Aの発言がウソだとしたら、Aは**1位**である。すなわち、Aは1位か2位に絞られる。

　仮にBとCの発言がどちらも本当だとしたら、Cは1位、Bは2位となり、Aと矛盾するので、BとCのどちらか1人だけがウソをついている。ここで場合分けをする。

① Bの発言が本当でCの発言がウソの場合

　Bは1位か2位で、Cは**3位**である。すると、Aも1位か2位であり、Eは**5位**、Dは**4位**だから、Dの発言は本当のこととなり、3位〜5位の3人はみなウソをついているという条件に矛盾する。

② Bの発言がウソでCの発言が本当である場合

　Cは**2位**で、Aは**1位**である。すると、B、D、Eが3位〜5位で、3人ともウソをついている。Eは**5位**だから、Dが**3位**、Bが**4位**とすれば矛盾はない。

　したがって、Dの順位は**3位**である。

3 1 暗号

問題1 特別区Ⅰ類（2020年度） ··· 本冊P.120

正解：5

この暗号は、1つの漢字を部首とその他の部分に分けて、それぞれの**画数**を50音表に対応させている。

対応表は、以下のとおりとなる。

その他の部分の画数

		2	3	4	5	6	7	8	9	10	11
部首の画数	2	ア	カ	サ	タ	ナ	ハ	マ	ヤ	ラ	ワ
	3	イ	キ	シ	チ	ニ	ヒ	ミ	―	リ	―
	4	ウ	ク	ス	ツ	ヌ	フ	ム	ユ	ル	―
	5	エ	ケ	セ	テ	ネ	ヘ	メ	―	レ	―
	6	オ	コ	ソ	ト	ノ	ホ	モ	ヨ	ロ	ヲ

「ヘコアユ」は、「ヘ」が部首**5**画・その他**7**画、「コ」が部首**6**画・その他**3**画、「ア」が部首**2**画・その他**2**画、「ユ」が部首**4**画・その他**9**画となる。

それに該当するのは、「**裕紅仏暗**」である。

問題2 消防官Ⅰ類（2018年度） ··· 本冊P.120

正解：5

この暗号は、十干と五行を50音表に対応させている。「い」が「甲火」で表されているので、「甲」は「あ行」、「火」は「いの段」となる。

対応表は、以下のとおりとなる。

十干

		甲	乙	丙	丁	戊	己	庚	辛	壬	癸
五行	木	あ	か	さ	た	な	は	ま	や	ら	わ
	火	い	き	し	ち	に	ひ	み	―	り	―
	土	う	く	す	つ	ぬ	ふ	む	ゆ	る	―
	金	え	け	せ	て	ね	へ	め	―	れ	―
	水	お	こ	そ	と	の	ほ	も	よ	ろ	を

これより、「丁水」は「**と**」、「乙金」は「**け**」、「甲火」は「**い**」となり、「丁水・乙金・甲火」が表すものは「**とけい**」である。

正解：2

　この暗号は、**英単語**に直し、「空（そら）」→「SKY」、「空気」→「AIR」が、「SKY」＝「HPB」、「AIR」＝「ZRI」と対応しているから、アルファベットの**逆順**の文字に変換している。

A	B	C	D	E	F	G	H	I	J	K	L	M
Z	Y	X	**W**	V	U	**T**	S	**R**	Q	P	O	N
N	O	P	Q	R	S	T	U	V	W	X	Y	Z
M	L	K	J	I	H	G	F	**E**	D	C	B	**A**

　これより、「DZGVI」＝「WATER」となり、「DZGVI」が表すものは「**水**」である。

正解：4

　この暗号は、アルファベット表記に直した後、1文字目は**1つ前**の文字、2文字目は**2つ前**の文字、3文字目は**3つ前**の文字、……というようにして変換している。ただし、Aの前はZからさかのぼる。

A B C D E F G H I J K L M N O P Q R S T U V W X Y Z

M	I	N	A	M	O	T	O
1つ前	2つ前	3つ前	4つ前	5つ前	6つ前	7つ前	8つ前
L	G	K	W	H	I	M	G

T	A	I	R	A
1つ前	2つ前	3つ前	4つ前	5つ前
S	Y	F	N	V

　これより、「SYHWPDB」の1文字目の「S」は「**T**」、2文字目の「Y」は「**A**」、3文字目の「H」は「**K**」、4文字目の「W」は「**A**」、5文字目の「P」は「**U**」、6文字目の「D」は「**J**」、7文字目の「B」は「**I**」となるから、「SYHWPDB」は「**TAKAUJI**」を表す。この名前を含む人物は、「**足利尊氏**」である。

正解：2

　暗号が「上」「中」「下」の3文字しか使われていないので、n進法を疑うとよい。つまり、「上」「中」「下」がそれぞれ0、1、2のどれかに対応した**3進法**になっているのではないか、と推測する。

　アルファベット順にわかりやすいところでみると、「DAWN」の2文字目「A」は暗号だと「上上上」、「CLUB」の4文字目「B」は暗号だと「上上中」、1文字目「C」は暗号だと「上上下」なので、ここから「上」＝0、「中」＝1、「下」＝2に対応していることが推測できる。

　アルファベットと3進法の対応を書き出すと、以下のようになる。

A	000	J	100	S	200
B	001	K	101	T	201
C	002	L	102	U	202
D	010	M	110	V	210
E	011	N	111	W	211
F	012	O	112	X	212
G	020	P	120	Y	220
H	021	Q	121	Z	221
I	022	R	122		

　これより、「下上上」＝200は「S」、「上下中」＝021は「H」、「中中下」＝112は「O」、「中下上」＝120は「P」なので、「SHOP」である。

正解：4

この暗号は、「カエデ」が「BjAdDq」だから、アルファベットの大文字が50音の行に対応し、小文字は50音表を折り返しながら、個々の文字に対応している。

対応表は、以下のとおりとなる。

A	B	C	D	E
ア a	カ j	サ k	タ t	ナ u
イ b	キ i	シ l	チ s	ニ v
ウ c	ク h	ス m	ツ r	ヌ w
エ d	ケ g	セ n	テ q	ネ x
オ e	コ f	ソ o	ト p	ノ y

F	G	H	I	J
ハ d	マ e	ヤ n	ラ o	ワ x
ヒ c	ミ f	― m	リ p	― w
フ b	ム g	ユ l	ル q	― v
ヘ a	メ h	― k	レ r	― u
ホ z	モ i	ヨ j	ロ s	ヲ t

これより、「Hn」は「ヤ」、「Ge」は「マ」、「Ck」は「サ」、「Bh」は「ク」、「Io」は「ラ」となり、「HnGeCkBhIo」と表されるのは「ヤマザクラ」である。

3 2 カード

問題1 裁判所職員（2020年度） ·· 本冊P.126

正解：5

6枚のカードを左から⑦、⑥、⑨、⑨、⑨、⑨とする。
AとBより、2は端ではないから、両端のカードは**1**と**4**である。
Cより、1は右端ではないから、⑦が**1**で、⑥が**銀**で、⑨が**金**であり、⑨が**4**となる。
Bより、⑨と⑨が**赤**で、⑨が**2**である。また、⑦と⑨が**青**となる。
Dより、⑨**3**、⑨が**6**である。すると、⑥が**5**となる。
以上より、6枚のカードの並びは左から、以下のとおりとなる。

青の1、銀の5、金の6、赤の3、青の2、赤の4

1 × 右端のカードは赤の**4**である。
2 × 右端から2番目のカードは青の2である。
3 × 左端のカードは青の**1**である。
4 × 左端から2番目のカードは銀の**5**である。
5 ○ 左端から3番目のカードは金の**6**である。

問題2 警察官Ⅰ類（2020年度） ·· 本冊P.126

正解：1

13枚のカードのうち、奇数は①、③、⑤、⑦、⑨、⑪、⑬の7枚であり、偶数は②、④、⑥、⑧、⑩、⑫の6枚である。また、奇数が書かれているカードを奇、偶数が書かれているカードを偶とする。

Bに着目する。Bはあと2枚で合計20にする必要があるが、2つ足して20になるのは（偶数＋偶数）か（奇数＋奇数）しかない。そして、奇数は合計7枚あるうち、上記のように1、13、Dの持つ奇数4枚があるので、残りは奇数1枚しか選ぶことができず、（奇数＋奇数）はあり得ない。したがって、（偶数＋偶数）で合計20になるものを考えると、8＋12＝20しかないので、Bは①、⑧、⑫と確定する。

Cに着目する。Cはあと3枚で合計25にする必要があるが、3つ足して25になるのは（奇数＋奇数＋奇数）か（奇数＋偶数＋偶数）しかない。前述のように奇数3枚はすでに選べないので、（奇数＋偶数＋偶数）で合計25になるものを考えると、残る数字からは4＋10＋11＝25か、6＋9＋10＝25しかない。これに合わせてDの奇数4枚と、Aの2枚も決まる。以下のように2通りが考えられる。

① A ②、⑥　　C ④、⑩、⑪、⑬　　D ③、⑤、⑦、⑨
② A ②、④　　C ⑥、⑨、⑩、⑬　　D ③、⑤、⑦、⑪

1 ○ Aは「2」と書かれたカードを持っている。
2 × Aは「6」と書かれたカードを持っているとは限らない。
3 × Cは「9」と書かれたカードを持っているとは限らない。
4 × Cは「11」と書かれたカードを持っているとは限らない。
5 × Dは「9」と書かれたカードを持っているとは限らない。

問題3 裁判所職員（2021年度） ································· 本冊P.127

正解：3

9枚のカードのうち、偶数は②、④、⑥、⑧、⑩の5枚であり、奇数は③、⑤、⑦、⑨の4枚である。また、偶数が書かれているカードを偶、奇数が書かれているカードを奇とする。

Aの発言より、Aが持っている3枚のカードは偶、偶、偶か、偶、奇、奇である。

Bの発言より、Bが持っている3枚のカードは奇、奇、奇である。

Cの発言より、Cが持っている3枚のカードは⑨を含まず、③、⑥の一方のみを含み、和は13である。

すると、奇数は4枚しかないので、Aは偶、偶、偶で確定し、Bが⑨を持ち、Cは残る偶、偶、奇を持っていることになる。

あとは、Cのカードの組合せからパターンを絞っていくと、A、B、Cが持っているカードの組み合わせは、以下の2通りとなる。

① A ④、⑥、⑩　　B ⑤、⑦、⑨　　C ②、③、⑧
② A ④、⑧、⑩　　B ③、⑦、⑨　　C ②、⑤、⑥

1 × Aは6のカードを持っているとは限らない。
2 × Bは3のカードを持っているとは限らない。
3 ○ Bは7のカードを持っている。
4 × Cは5のカードを持っているとは限らない。
5 × Cは8のカードを持っているとは限らない。

問題4　裁判所職員（2019年度）　　···　本冊P.127

正解： 1

　命題と同様に論理式で整理すればよい。

　母音のアルファベットが書かれているという条件を**母**、3の倍数が書かれているという条件を**3**、4の倍数が書かれているという条件を**4**と表すこととする。

　与えられた命題は、**母** ⇒ **3** ∨ **4** であり、その対偶は、$\overline{3 \vee 4}$ ⇒ $\overline{母}$ であるが、ド・モルガンの法則より、$\overline{3}$ ∧ $\overline{4}$ ⇒ $\overline{母}$ である。

　これより、裏返して確認する必要があるのは、**母音**のアルファベットが書かれているカードと、**3の倍数**でも**4の倍数**でもないカードであり、アの Ⓐ とエの ⑩ が該当する。

　したがって、最も少ないカードを裏返して確認するときに裏返す必要があるカードは、**ア**と**エ**である。

　正解：3

　カップを左から順に**A**、**B**、**C**、**D**とする。
　プレーヤーを無視して、サイコロの動きだけを考えると、以下のパターンが考えられる。

　1回目の位置からの移動のしかたは、以上のように全8通りが考えられる。そこで、以上のすべてのパターンを最少回数でクリアする開け方を考える。
・1回目に**B**のカップを開けると、②はクリア。
・2回目に**C**のカップを開けると、④はクリア。
・3回目に**C**のカップを開けると、①のA-B-C、③のC-B-C、③のC-D-Cはクリア。
・4回目に**B**のカップを開けると、残る①のA-B-A-Bと、③のC-B-A-Bもクリア。
　したがって、プレイヤーがカップを開ける最少の回数は**4回**である。

　正解：3

　Aから数え始めたとき、取り除かれるコインは、1回目はG、2回目はF、3回目はH、4回目はB、5回目はE、6回目はA、7回目はCで、最後に残ったコインは**D**となる。
　つまり、Aから順に右回りに4番目のDが最後に残るので、Aを最後に残すには、**F**から数え始めればよいから、X＝**F**である。また、最後にFを残すには、**C**から数え始めればよいから、Y＝**C**である。

問題3 警察官Ⅰ類（2017年度） ·· 本冊P.134

正解：3

　大人1人をゴール地点に移動させるには、次の手順が必要である。
① 子ども**2人**がゴール地点に移動する。
② 子ども**1人**がスタート地点に移動する。
③ 大人**1人**がゴール地点に移動する。
④ 子ども**1人**がスタート地点に移動する。
　この**4回**の移動を**6回**繰り返して大人**6人**をゴール地点に移動させた後、子ども**3人**がゴール地点に移動するには、以下の手順が必要である。
① 子ども**2人**がゴール地点に移動する。
② 子ども**1人**がスタート地点に移動する。
③ 子ども**2人**がゴール地点に移動する。
　したがって、全員が対岸のゴール地点まで移動し終えるまでのボートの最少の移動回数は、4×6＋3＝**27回**である。

問題4 国家一般職（2019年度） ·· 本冊P.135

正解：3

　以下のように、初期値に1を入力して、実際にどのような数字が出力されるかを確認する。なお、→の左は**入力**した数、→の右は**出力**した数、→の上の〇囲みの数字は適用された**条件**を表す。

1回目：1 $\overset{①}{\to}$ **2**、2回目：2 $\overset{②}{\to}$ **5**、3回目：5 $\overset{④}{\to}$ **7**、4回目：7 $\overset{⑤}{\to}$ **7−■**

■＝1のとき

5回目：6 $\overset{②}{\to}$ **9**、6回目：9 $\overset{③}{\to}$ **8**、7回目：8 $\overset{②}{\to}$ **11**、8回目：11 $\overset{⑤}{\to}$ **10**
より、適する。

■＝2のとき

5回目：5 $\overset{④}{\to}$ **7**より、ループするから10が出力されず不適。

■＝3のとき

5回目：4 $\overset{②}{\to}$ **7**より、ループするから10が出力されず不適。

　以上より、■＝**1**である。

このとき、

初期値として**1**を入力したとき、7回目の操作で出力される数字は**11**。

初期値として**2**を入力したとき、7回目の操作で出力される数字は**10**。

　初期値として**3**を入力したとき、1回目は3 →③ 2より、7回目の操作で出力される数字は初期値が1のときと同様に**11**。

　したがって、それぞれの初期値に対して7回目の操作で出力される数字を合計すると、**11＋10＋11＝32**である。

問題5 国家専門職（2017年度）　 **本冊P.136**

正解：5

　問題に示された手順を実際に試して、状況を確認する。

① 個数の列を昇順（数の小から大に進む順序）に並べ替える。

② 商品番号が**3の倍数**の行を上から1行ずつ**削除**する。

③ 単価の列を昇順で並べ替える。

①の操作後

	商品番号	単価	個数
30行	2	300	20
	4	900	20
	6	600	20
	⋮	⋮	⋮
	60	600	20
10行	5	300	30
	11	300	30
	17	300	30
	⋮	⋮	⋮
	59	300	30
10行	3	600	40
	9	600	40
	15	600	40
	⋮	⋮	⋮
	57	600	40
10行	1	900	50
	7	900	50
	13	900	50
	⋮	⋮	⋮
	55	900	50

②の操作後

	商品番号	単価	個数
20行	2	300	20
	4	900	20
	8	300	20
	⋮	⋮	⋮
	58	900	20
10行	5	300	30
	11	300	30
	17	300	30
	⋮	⋮	⋮
	59	300	30
10行	1	900	50
	7	900	50
	13	900	50
	⋮	⋮	⋮
	55	900	50

③の操作後

商品番号	単価	個数
2	300	20
8	300	20
14	300	20
⋮	⋮	⋮
56	300	20
5	300	30
11	300	30
17	300	30
⋮	⋮	⋮
59	300	30
4	900	20
10	900	20
16	900	20
⋮	⋮	⋮
58	900	20
1	900	50
7	900	50
13	900	50
⋮	⋮	⋮
55	900	50

10行（×4ブロック）

1　×　10行目の商品番号は、**56**である
2　×　15行目の単価は、**300**である。
3　×　25行目の個数は、**20**である。
4　×　30行目の単価は、**900**である
5　○　40行目の商品番号は、**55**である。

正解：3

18 Lの容器→11 Lの容器→7Lの容器→18 Lの容器の順に、水を移し替えてゆく。ただし、前の状態と同じになる操作はとばす。

表に表すと以下のとおりとなる。

回数	18 L	11 L	7 L
	18	0	0
1	7	11	0
2	7	4	7
3	14	4	0
4	14	0	4
5	3	11	4
6	3	8	7
7	10	8	0
8	10	1	7
9	17	1	0
10	17	0	1
11	6	11	1
12	6	5	7
13	13	5	0
14	13	0	5
15	2	11	5
16	2	9	7
17	9	9	0

したがって、9Lずつに分けるのに必要な移し替えの最少の回数は、**17回**である。

3 4 てんびん

問題1 特別区Ⅰ類（2019年度） ………………………………………… 本冊P.142

正解：3

金メダルAの重さをAと表す。ア～エを等式で表すと以下のとおりとなる。

ア：$A+C+E=D+F+G$

イ：$A+E+F=B+D+H$

ウ：$A+E+F\neq C+D+G$

エ：$B+D+H=E+F+I$

ウより、**A**、**C**、**D**、**E**、**F**、**G**のうち、少なくとも1枚は金メッキである。

1 × Aが金メッキのとき、ア、イの右辺のどちらにも含まれる**D**も金メッキとなるが、これだと左辺にだけ金メッキが含まれるエに反するから誤り。

2 × Bが金メッキのとき、イ、エのもう一方の辺に含まれる**E**か**F**も金メッキとなるが、これだとアに反するから誤り。

3 ○ Cが金メッキのとき、ア、ウより、**D**か**G**も金メッキとなるが、**G**が金メッキなら、イ、エも満たすから正しい。

4 × Dが金メッキのとき、ア、イ、エのもう一方の辺に含まれる**E**も金メッキとなるが、これだとウに反するから誤り。

5 × Eが金メッキのとき、ア、イ、エのもう一方の辺に含まれる**D**も金メッキとなるが、これだとウに反するから誤り。

正解：2

24枚のコインを8枚ずつ3つのグループに分ける。
3つのグループのうち、2つのグループを天秤にかける（1回目）。

① つり合うとき
残りの1つのグループの8枚の中に偽物が混じっているから、その8枚を3枚・3枚・2枚の3つのグループに分ける。
そのうちの3枚のグループ同士を天秤にかける（2回目）。

①の1　つり合うとき
残りの1つのグループの2枚の中に偽物が混じっているから、その2枚を天秤にかける（3回目）。軽い方が偽物とわかる。

①の2　つり合わないとき
軽い方のグループの3枚の中に偽物が混じっているから、3枚のうち2枚を天秤にかける（3回目）。つり合えば、残りの1枚が偽物、つり合わなければ、軽い方が偽物とわかる。

② つり合わないとき
軽い方のグループの8枚の中に偽物が混じっているから、3枚・3枚・2枚の3つのグループに分けて、①の場合と同様に天秤にかけてゆく。

したがって、1台の天秤を使って確実にコインを特定するために使用する天秤の最少の使用回数は、3回である。
公式を使うと、2回ならば$3^2＝9$枚、3回ならば$3^3＝27$枚まで見つけられるので、3回である。

問題3 消防官Ⅰ類（2022年度） ·· 本冊P.143

正解：3

90枚のコインを**30枚**ずつの3つのグループに分ける。
3つのグループのうち、2つのグループを天秤にかける（**1回目**）。

① つり合うとき
残りの1つのグループの**30枚**の中に偽物が混じっているから、その30枚を10枚ずつの3つのグループに分ける。
3つのグループのうち、2つのグループを天秤にかける（**2回目**）。

①の1　つり合うとき
残りの1つのグループの10枚の中に偽物が混じっているから、その10枚を**3枚・3枚・4枚**の3つのグループに分ける。
そのうち、**3枚**のグループ同士を天秤にかける（**3回目**）。

①の1の1　つり合うとき
残りの4枚のグループの中に偽物が混じっているから、その4枚を**2枚・2枚**に分けて天秤にかける（**4回目**）。
軽い方の2枚を天秤にかける（**5回目**）。**軽い方**の1枚が偽物とわかる。

①の1の2　つり合わないとき
軽い方のグループの3枚の中に偽物が混じっているから、その3枚のうち**2枚**を天秤にかける（**4回目**）。つり合えば、**残り**の1枚が偽物、つり合わなければ、**軽い方**が偽物とわかる。

①の2　つり合わないとき
軽い方のグループの10枚の中に偽物が混じっているから、その10枚を**3枚・3枚・4枚**の3つのグループに分け、①の1と同じ手順を踏む。

② つり合わないとき
軽い方のグループの**30枚**の中に偽物が混じっているから、その30枚を10枚ずつの3つのグループに分けて、①の場合と同様に天秤にかけてゆく。

したがって、天秤ばかり1台を使って偽物1枚を確実に見つけ出すために、天秤ばかりを使用する最少の回数は、**5回**である。
公式を使うと、4回ならば$3^4＝81$枚まで、5回ならば$3^5＝243$枚まで見つけられるので、**5回**である。

正解：**2**

8個のチョコレートを、**A組2個・B組2個・C組4個**の3つのグループに分ける。A組2個とB組2個をてんびんにかける（**1回目**）。

① つり合うとき

A組とB組は、**24g**同士か**23g**同士とわかる。
そこで、一方の2個をてんびんにかける（**2回目**）。

①の1　つり合うとき

A組の2個とB組の2個は、すべて**12g**であり、C組の4個は、**12g・12g・11g・11g**とわかる。
C組の4個のうちの1個と、**12g**の1個をてんびんにかける（**3回目**）。

①の1の1　つり合うとき

C組の残りの3個は、**12g・11g・11g**とわかる。この3個のうち、**2個**をてんびんにかける（**4回目**）。つり合うときは、その2個が**11g**、つり合わなければ、軽い方と残りの1個が11gとわかるので、これで11gの2個が探し出せる。

①の1の2　つり合わないとき

てんびんにかけたC組の1個は**11g**であり、残りの3個は、**12g・12g・11g**とわかる。
この3個のうち、**2個**をてんびんにかける（**4回目**）。つり合うときは、残りの1個が**11g**、つり合わなければ、軽い方が**11g**とわかるので、これで11gの2個が探し出せる。

①の2　つり合わないとき

A組の2個とB組の2個は、それぞれ**11g**と**12g**の組み合わせであり、C組の4個は、すべて**12g**とわかる。
A組の2個をてんびんにかける（**3回目**）。軽い方が**11g**とわかる。同様にB組の2個をてんびんにかける（**4回目**）。軽い方が**11g**とわかる。これで11gの2個が探し出せる。

② つり合わないとき

　A組とB組は、**22g**（11g、11g）と**24g**（12g、12g）か、**23g**（11g、12g）と**24g**（12g、12g）である。

　軽い方の2個をてんびんにかける（**2回目**）。

②の1　つり合うとき

　22gの組合せなので、その2個が、**11g**と**11g**とわかる。

②の2　つり合わないとき

　23gの組合せなので、軽い方が**11g**で、A組とB組の4個のうち、残りの3個は**12g**、C組の4個は、**12g・12g・12g・11g**とわかる。

　C組の4個のうちの1個と、12 gの1個をてんびんにかける（**3回目**）。

②の2の1　つり合うとき

　C組の残りの3個は、**12g・12g・11g**とわかる。この3個のうちの2個をてんびんにかける（**4回目**）。つり合うときは、残りの1個**11g**、つり合わなければ、軽い方が**11g**とわかる。これで11gの2個が探し出せる。

②の2の2　つり合わないとき

　軽い方の1個が**11g**とわかる。これで11gの2個が探し出せる。

　したがって、上皿てんびんを使って、偶然によらず確実に11gのチョコレート2個を探しだすためには、最低**4回**てんびんを使う必要がある。

問題 1　特別区 I 類 （2021年度）　⋯⋯⋯⋯⋯⋯⋯⋯⋯⋯⋯⋯⋯⋯⋯⋯⋯　本冊P.152

　　正解：3

　点Pが描く軌跡は、だいたい扇形の弧状の曲線3つから成り、回転するときの中心と点Pの距離によって半径が変わり、その半径の大きさは、**3回目の回転 ＞ 1回目の回転 ＞ 2回目**の回転の順である。

　したがって、下図のようになり、**3**が正解である。

　1回目の回転で点Pの高さが4aから2 aへ半分になることと、そこからあまり高さの変わらない扇形の弧が描かれることさえわかれば、消去法で**3**を選ぶことができる。

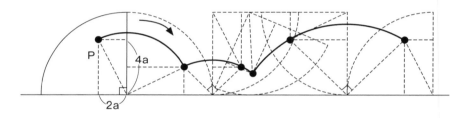

問題 2　警察官 I 類 （2021年度）　⋯⋯⋯⋯⋯⋯⋯⋯⋯⋯⋯⋯⋯⋯⋯⋯⋯　本冊P.153

　　正解：4

　点Pの軌跡は、半径は常に**1 cm**で、中心角**180°**の扇形の弧→中心角**60°**の扇形の弧→中心角**150°**扇形の弧→**直線**であり、下図のようになる。

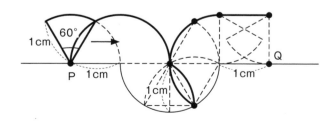

　したがって、**4**が正解である。

問題3 特別区Ⅰ類（2022年度） ··· 本冊P.154

正解：4

点P、P'が描く軌跡を図示すると、以下のとおりとなる。
なお、各々の軌跡の直線の長さは、扇形の弧の長さと等しい。

扇形Aは、$2 \times \pi \times r \times \dfrac{60}{360} = \dfrac{1}{3}\pi r$、扇形Bは、$2 \times \pi \times r \times \dfrac{120}{360} = \dfrac{2}{3}\pi r$である。

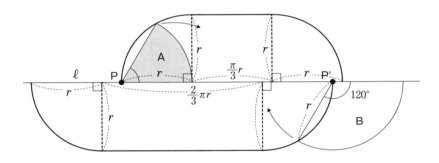

よって、求める面積は、半径rで中心角**90°**の扇形**4個**と、縦がrで横が$\dfrac{1}{3}\pi r$

の長方形1個と、縦がrで横が$\dfrac{2}{3}\pi r$の長方形1個だから、

$$\dfrac{1}{4}\pi r^2 \times 4 + r \times \dfrac{1}{3}\pi r + r \times \dfrac{2}{3}\pi r = 2\pi r^2$$

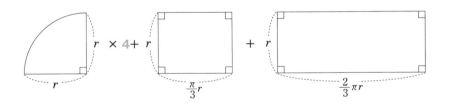

正解：3

正三角形が半周して下まで行った状態を描くと、図のようになる。頂点Pが描く軌跡の長さは、下図のように、半径がaで中心角が210°の扇形の弧の長さの**8倍**となる。

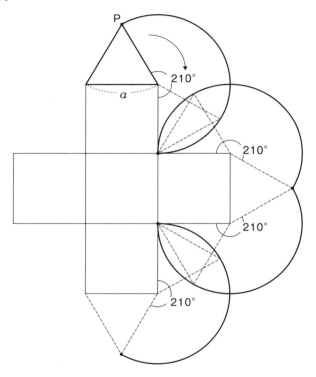

したがって、求める長さは、$2\pi a \times \dfrac{210}{360} \times 8 = \dfrac{28}{3}\pi a$

問題5 裁判所職員（2020年度） ………………………………………… 本冊P.156

正解：1

点Oを始点とし、120°の角をなす2本の半直線をOX、OYとし、∠XOYを**2等分**する半直線を ℓ とする。ℓ 上の任意の1点Pから半直線OX上に∠PAX＞60°を満たす点Aをとり、半直線OY上に∠PAB＝60°を満たす点Bをとる。

このとき、∠PAB＝∠POB＝60°……①

円周角の定理の逆により、4点P、A、O、Bは**同一円周上**にある。

すると、円周角の定理により、∠POA＝∠PBA＝60°……②

①、②から、∠PAB＝∠PBA＝60°だから、△PABは**正三角形**である。

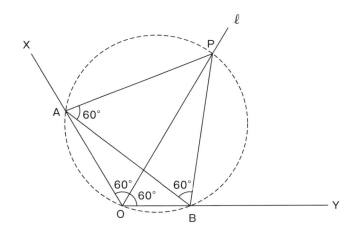

これより、2点A、Bの位置にかかわらず、点Pは半直線 ℓ 上にあることになるので、点Pが描く軌跡は**直線**であり、**1**が正解である。

円周角の定理…1つの弧に対する円周角はすべて等しい。

円周角の定理の逆…円周角が等しければ、それに対する弧を結ぶ2点と円周角の頂点は同一円周上にある。

正解：2

正三角形の一辺の長さをaとおくと、重心Oは直線ABを2：1に内分するので、

AB＝$\frac{\sqrt{3}}{2}$a、AO＝$\frac{\sqrt{3}}{3}$a、OB＝$\frac{\sqrt{3}}{6}$aとなり、正三角形の内接円の半径は、

$\frac{\sqrt{3}}{6}$aである。

点PがAOの中点に到達したとき、正三角形は$\frac{1}{3}$回転していて、これ以降は、

OP≦$\frac{\sqrt{3}}{6}$aだから、点Pの軌跡は正三角形の**内部**にある。

1 　　　　　　2

3 　　　　　　4

5

1 × $\frac{1}{3}$回転後に正三角形の**外部**にあるから、誤り。

2 ○ $\frac{1}{3}$回転後に正三角形の**内部**にあり、点Oを**通っている**から、正しい。

3 × $\frac{1}{3}$回転後に正三角形の**外部**にあるから、誤り。

4 × 点Oを**通っていない**から、誤り。

5 × 点Oを**通っていない**から、誤り。

問題 7　警察官Ⅰ類（2019年度）……………………………………………………… 本冊P.158

正解：3

円の中心の軌跡は、A→Bのとき**4cm**の直線、B→Cのとき**4cm**の直線、Cの

とき$\dfrac{\pi}{2}$cmの弧、C→Dのとき**5cm**の直線、Dのとき$\dfrac{\pi}{2}$cmの弧、D→Eのとき

9cmの直線、E→Fのとき**4cm**の直線、F→Gのとき$2\pi\times4\times\dfrac{1}{4}=\textbf{2}\pi$cmの弧、

G→Hのとき**5cm**の直線となる。

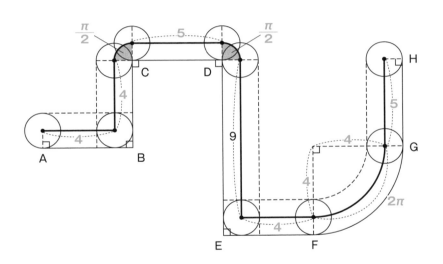

これより、円の中心の軌跡の長さは、

$$4+4+\frac{\pi}{2}+5+\frac{\pi}{2}+9+4+2\pi+5=\textbf{31}+\textbf{3}\pi\ \text{cm}$$

正解：1

奇数本の線が集まっている点を**奇数点**、偶数本の線が集まっている点を**偶数点**と呼ぶ。

一筆書きをする際、奇数点は始点か終点にしかならないため、図形を一筆書きできる条件は、奇数点が**0個**か**2個**であることである。

さらに、始点と終点が一致する一筆書きが可能である条件は、奇数点が**0個**であることである。

与えられた図形の奇数点に〇を付けると、以下の通りとなる。

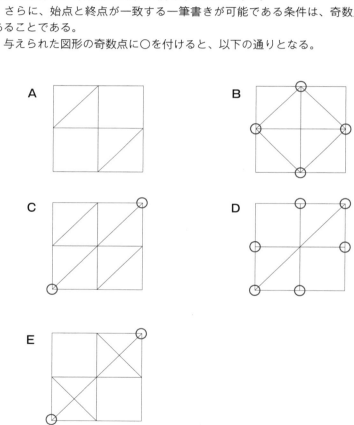

したがって、奇数点が**0個**である図形は**A**である。

正解：3

　碁盤の目状の街路で、点Pからすべての交点を1回ずつ通って再び点Pに戻る経路が存在するには、縦か横の少なくとも一方の辺の数が**偶数本**であればよい。

　これより、条件を満たす経路が存在しないのは縦も横も辺の数が**奇数本**である図形である。

　図に書き込むと、以下の通りとなる。

1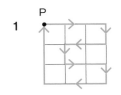

2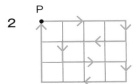

3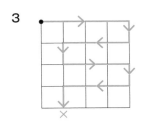

4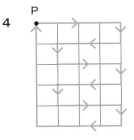

5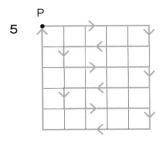

　したがって、縦も横も**5本**の**3**は、すべての交点を1回ずつ通って再び点Pに戻る経路が存在しない。

　正解：5

　与えられた、正方形20個を組み合わせてできた図形の形が、長方形でなく複雑なため、すべての正方形を1回ずつ通るように環状のひもを置くことができることかどうかについて、特に規則性は見いだせない。
　そこで、実際に書き込むと、以下の通りとなる。なお、✕は環状のひもを置くことができない正方形である。

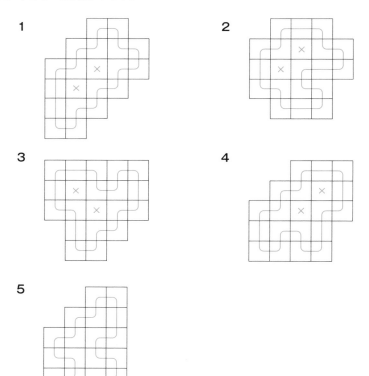

　したがって、すべての正方形を1回ずつ通るように環状のひもを置くことができる図形は**5**である。

問題 11 裁判所職員（2019年度） ·················· 本冊P.162

正解：5

　与えられた図形はすべて長方形であるが、SとGの位置がそれぞれ違い、通らないマス目もあって複雑なため、Sからスタートし、すべてのマス目を1度だけ通りGでゴールするコースが存在するかどうかについて、特に規則性は見いだせない。

　そこで、実際に書き込むと、以下の通りとなる。なお、○は通れないマス目である。

1
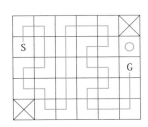

2
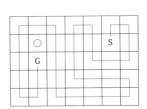

3
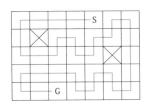

4

5

　したがって、Sからスタートし、すべてのマス目を1度だけ通りGでゴールするコースを設定することが可能であるのは**5**である。

正解：3

　正十二面体とは、すべて合同な正五角形12面で構成された立体である。したがって、辺の数は1面当たり5本だから、延べで5×12＝60本だが、2面で1辺を共有しているので、60÷2＝**30本**である。同様に頂点の数は1面当たり5個だから、延べで5×12＝60個だが、3面で1頂点を共有しているので、60÷3＝**20個**である。

　このとき、1本の辺を通ると必ず1個の頂点を通過することになるので、1つの頂点から出発し、一度通った辺を通らないようにしてすべての頂点を通過して出発点に戻るとき、通らないですむ辺の最大の本数は、30－20＝**10本**である。

　実際に、正十二面体の頂点を図のようにA～Tとおいて確かめると、以下のようになる。

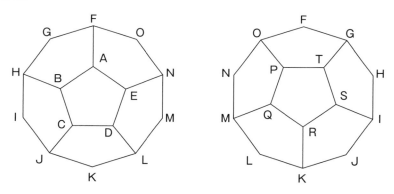

　A→B→C→D→E→N→M→L→K→J→I→H→G→T→S→R→Q→P→O→F→A
と進めば、頂点Aから出発し、**20本**の辺を通って頂点Aに戻ることができる。

4 2 展開図・折り紙

問題1 特別区Ⅰ類（2022年度） ………………………………………………………… 本冊P.168

正解：3

選択肢ごとに2〜7の数字の接し方や向きを見ていくとよい。

1 × 問題の展開図の7の面を以下のように変形させると、6と7の面は接し方が異なる。

6と7の下部どうしが接する

6の下部と7の上部が接する

2 × 4と7の面は接し方が異なる。

4の下部と7の上部が接する

4の上部と7の上部が接する

3 ○ 接し方に矛盾が生じない。

4 × 問題の展開図の3の面を以下のように変形させると、3と7の面は接し方が異なる。

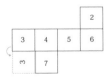

3の下部と7の左部が接する

3の下部と7の右部が接する

5 × 問題と選択肢5の展開図の3の面を以下のように変形させると、3と7の面は接し方が異なる。

3の下部と7の左部が接する

3の上部と7の左部が接する

CHAPTER

4

図形・空間把握

095

正解：2

　与えられた円すい台は、直円すいを底面と平行な面で切断し、頂点を含む直円すいを取り除いたものであるから、側面は扇形から**相似な扇形**を取り除いたものとなる。

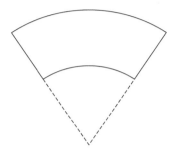

　よって、側面の形より、**2**が正解である。

問題3 警察官Ⅰ類（2022年度） ···················· 本冊P.170

正解：5

　立体の特徴をつかんで、選択肢を消去法で検討するとよい。

　この立体の見取図によれば、まったく切断されていない正方形の面が奥に1面だけ存在する。

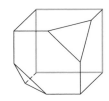

　つまり、**展開すると正方形は1枚しかない**が、選択肢3と4の展開図には正方形が**2枚含まれており、明らかに誤りである**。

　また、この立体の六角形の面に着目する。**六角形の面には正三角形の面が2枚接する**ことがわかるが、選択肢1や2は組み立てたときに、以下のように明らかに接しないことがわかる。

ここと正三角形が
接していない

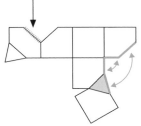

ここと正三角形が
接していない

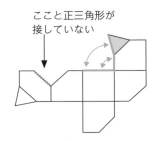

　よって、消去法より**5**が正解である。

正解：4

　選択肢の展開図を変形してみると、どの選択肢も♠の描かれた2面が同じ頂点に集まってくることがわかるので、集まり方を確認すればよい。すべてを変形すると、以下のようになる。

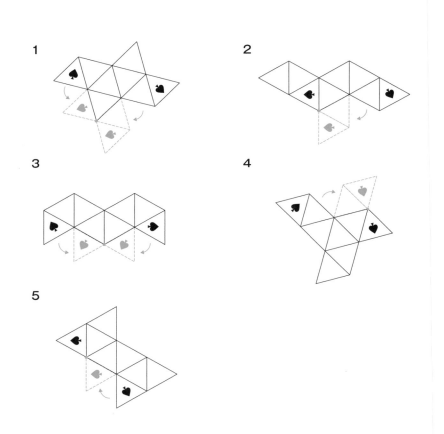

　頂点に集まる向きを見ると、選択肢4だけが一方の♠の下部にもう一方の♠の上部が向く形になっており、これだけが他と異なる。よって、正解は4である。

問題5 国家専門職（2020年度） ･･････････････････････････････････････ 本冊P.172

正解：1

　問題の見取図によれば、模様が1つの頂点に集まるので、選択肢の展開図を変形して、模様の並びを確認する。正十二面体の場合は**36°**の位置にある面が回転移動できることを利用する。

　また、正十二面体はジグザグ（S字）に一列に6枚並んだ正五角形の**両端**が接するという特徴もあるので、これも利用すると、以下のようになる。

1

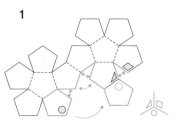

〇から時計回りに
〇→△→◇

2

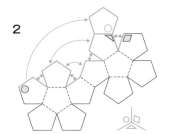

〇から時計回りに
〇→◇→△

3

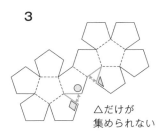

△だけが
集められない

4

〇から時計回りに
〇→◇→△

5

〇だけが
集められない

　選択肢**1**だけが時計回り（右回り）に〇→△→◇と並んでおり、問題の見取図と一致するので、正解は**1**である。なお、正六面体は一列に4枚並んだ両端、正八面体は一列に6枚並んだ両端が接するので、覚えておくと使えることがある。

正解：4

与えられた立体の12個の頂点を下のようにA～Lとおく。

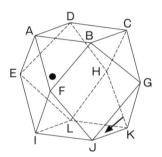

すると、●の模様がある頂点はFである。

このA～Lを展開図に書き込むと以下の通りとなる。

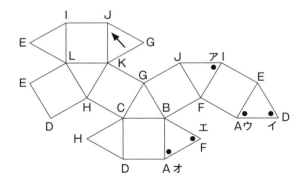

したがって、●の位置として正しいものはエである。

問題7 国家一般職（2017年度） ……………………………………………… 本冊P.174

正解：5

折り目と線対称に作図することを意識してシートを広げると、下図のようになる。

少なくとも一方

いずれか一方

③と各選択肢の図を見比べて、残す直線を確定すると、以下のとおりとなる。

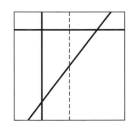

したがって、**5**が正解である。

正解：5

折り目と線対称に斜線部分を戻していくと、下図のようになる。

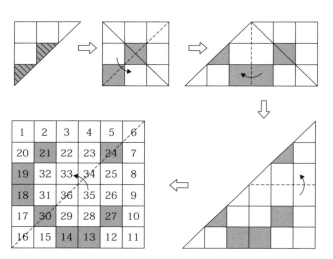

これより、切り取った紙片の数字の和は、
21＋24＋19＋18＋30＋27＋14＋13＝166

サイコロ・積み木・正多面体

特別区Ⅰ類（2021年度） ·· 本冊P.180

正解：3

　図Ⅰ、図Ⅱのサイコロをすべて五面図にすると、以下のようになる。なお、底面の目の数はカッコで示す。図Ⅰより平行な2面の数の組み合わせは（2、5）（3、4）（6、1）なので、これをふまえて図Ⅱのわかるところも埋める。

図Ⅰ
（1）

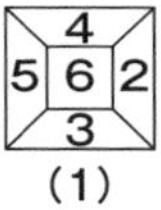

図Ⅱ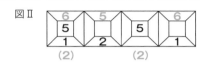
（2）　　（2）

　図Ⅱの左端のサイコロに着目する。時計回り（右回り）に6→5→□となる頂点があり、図Ⅰによればこれは6→5→4なので、左端のサイコロの左側面は4、右側面は3である。左から2番目のサイコロの左側面は3、右側面は4、右から2番目のサイコロの左側面は4、右側面は3、右端のサイコロの左側面は3、右側面は4となる。

図Ⅰ
（1）

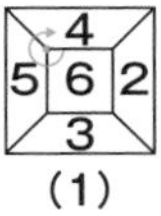

図Ⅱ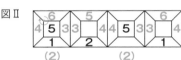
（2）　　（2）

　図Ⅱの左から2番目のサイコロに着目する。時計回り（右回り）に□→5→4となる頂点があり、図Ⅰによればこれは6→5→4なので、左から2番目のサイコロの上面は6、底面は1である。

　図Ⅱの右から2番目のサイコロに着目する。先ほどと同様に時計回り（右回り）に□→5→4となる頂点があるので、後面は6、前面は1である。

図Ⅰ
（1）

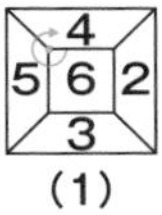

図Ⅱ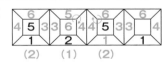
（2）　（1）　（2）

　図Ⅱの右端のサイコロに着目する。時計回り（右回り）に6→4→□となる頂点があり、図Ⅰによればこれは6→4→2なので、右端のサイコロの上面は2、底面は5である。

図Ⅰ
（1）

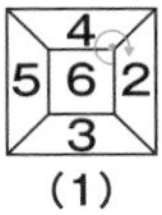

図Ⅱ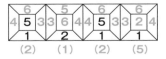
（2）　（1）　（2）　（5）

　よって、床に接した4面の目の数は2×1×2×5＝**20**である。

正解：4

　五面図で検討してもよいが、目の向き（並び方）も題材になるので、展開図のままで検討する。

　Ⅰ図を変形すると、このサイコロは下のように、1の目を中心に**3**、**5**、**4**、**2**の目がこの順に、しかもこの目の向きで左回りに配置されている。

　Ⅱ図において、Xのサイコロとその左隣のサイコロの接する面を検討する。

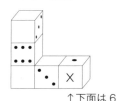

↑下面は6

　Xのサイコロの上面は**1**、下面は**6**なので、左隣のサイコロと接する目は**2**、**3**、**4**、**5**のいずれかである。しかし、左隣のサイコロは前面が**3**で、しかも⦂の向きなので、以下のようにⅠ図を変形させると隣にくる目は5の目が⦂の向きになるか、2の目が⸬の向きになるかのどちらかである。

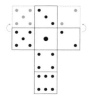

　接し合う面の和は8なので、もし左隣のサイコロの右側面が**2**だとすると、Xのサイコロの左側面は**6**でないといけないが、6は下面にあるのでこれはあり得ない。

　したがって、左隣のサイコロの右側面は**5**、Xのサイコロの左側面は**3**である。

　よって、以下のように左側面に3、上面に1があるときの前面は、Ⅰ図より3、1、5の3面の集まりになるので、この頂点に集まるXの面は**5**である。

頂点

問題3 東京都Ⅰ類（2021年度） 本冊P.181

正解：5

　正面だと左右に3個、右側だと手前から奥に3個並んでいるので、上から見ると3×3＝**9**個が並んでいるように見える。そこで、上から見た図で、各列に見える状況から積み木の数をカウントする。

　積み木の最大個数を求めるなら、少ない列からすべてのマス目にその個数分を積んでいく。最小個数を求めるなら、多い列からぶつかるマス目だけにその個数分を積んでいく。

　まず、1個しか見えないところはその列にすべて1個並べれば最大である。

　同様に、以下のように2個見える列にはすべて2個並べ、最後に3個見える列に3個並べればよい。これが最大個数になる。すべて足すと**14**個である。

　最小の場合は、1か所おけば正面でも右側でも見えるところを探す。例えば、3個は正面でも右側でも真ん中の列に見えている。これは、中央の1か所さえ置いてあれば見えるはずである。

　同様に、2個は正面だと左端、右側だと最も手前に見える。これも、この1か所にさえ置けばよい。

最後に、1個見えているところも、右端の最も奥に1個置けばよい。

最小個数は**6**個となるので、その差は14−6＝**8**（個）である。

問題4 警察官Ⅰ類（2019年度） ················· 本冊P.181

正解：1

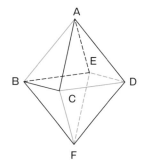

ねじれの位置とは、平行でなく、交わりもない直線の位置である。よって、辺ABと同じ平面上にない辺を探すと、**CD**、**DE**、**CF**、**EF**の**4本**である。

問題5 国家一般職（2021年度） ················· 本冊P.182

正解：2

図Ⅰ

図Ⅱ
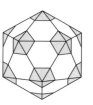

図Ⅲ

図Ⅲの多面体において、

面の数は、元々の20面に加えて、12個の灰色の頂点部分を取り除くと1面ずつ増えているので、20＋12＝**32**個である。

頂点の数は、灰色の頂点部分を取り除くと1個の頂点が5個に増えているので、12×5＝**60個**である。

辺の数は、灰色の頂点部分を取り除くと1個の頂点から新たに5本ずつ増えているので、30＋12×5＝**90個**である。

したがって、図Ⅲの多面体の面、頂点、辺の数の組み合わせは、**32個**、**60個**、**90本**である。

　ちなみに、図Ⅲの立体は**切頂二十面体**と呼ばれていて、準正多面体の一種であり、サッカーボールとして有名である。

問題6　警察官Ⅰ類（2020年度） ・・　**本冊P.182**

　正解：5

与えられた指示に従って作った多面体は下図のようになる。

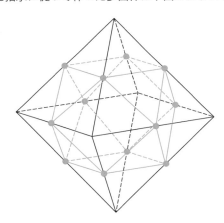

　この多面体の面は、正三角形と正方形からなり、正三角形の面の数は正八面体の面の数と等しく**8**、正方形の面の数は正八面体の頂点の数と等しく**6**なので、8＋6＝**14面**、頂点の数は、正八面体の辺の数と等しいから**12個**、この多面体の辺は、正八面体の面にすべて含まれ、1つの面に**3本**あるから、3×8＝**24本**である。

1　×　辺の数は**24本**である。

2　×　面の数は**14面**である。

3　×　頂点の数は**12個**であり、正二十面体は**20個**だから、同じではない。

4　×　辺の数は**24本**であり、正二十面体は**30本**だから、同じではない。

5　○　頂点の数は**12個**であり、正二十面体も**12個**だから、同じである。

正解：4

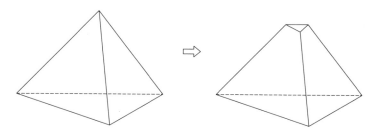

　与えられた図より、正四面体では、1回の操作で、頂点の数は**2**増えて、辺の数は**3**増えて、面の数は**1**増える。

　よって、n回の操作で、（頂点の数、辺の数、面の数）＝（$2n+4$，$3n+6$，$n+4$）となる。

1、2、3について

　頂点の数が100となるときは、$2n+4＝100$より、$n＝$**48**、すなわち**48回**の操作後である。

　このとき、辺の数は$3×48+6＝$**150本**、面の数は$48+4＝$**52面**だから、誤り。

4について

　正六面体において1回操作を行うと、（8、12、6）→（**10**、**15**、**7**）となり、（頂点の数、辺の数、面の数）の増え方が正四面体と**同じ**である。正六面体の頂点の数が100となるときは、$2n+8＝100$より、$n＝$**46**。このとき、辺の数は$3×46+12＝$**150本**、面の数は$46+6＝$**52面**だから、正しい。

5について

　正八面体において1回操作を行うと、（6、12、8）→（**9**、**16**、**9**）となり、（頂点の数、辺の数、面の数）の増え方が正六面体とは**違う**から、誤り。

4　4　立体の切断・投影図

問題1　警察官Ⅰ類（2022年度）.. 本冊P.188

正解：4

切断線を作図して検討する。3点D、E、Mを通る切断面と3点D、G、Mを通る切断面を与えられた図に書きこむと、以下のとおりとなる。なお、点Nは辺BFの中点である。

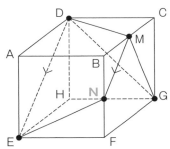

このとき、中央部分の残った立体について確認する。
辺の数：DE、EN、NM、MD、DG、GM、DH、EF、FG、GH、HE、NFの**12本**。
面の数：DENM、DGM、DEH、DGH、EFN、FGMN、EFGHの**7面**。

問題2　消防官Ⅰ類（2017年度）.. 本冊P.189

正解：1

与えられた図に点A、B、Cを含む平面を書き込むと、以下のとおりとなる。

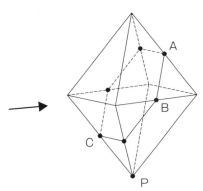

矢印の方向から見ると、切断面の**六角形**と、点Cと点Pを含む**三角形**が見え、点Bから点Pに至る線は、下図のように**一直線**に見える。

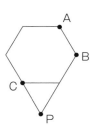

問題3　東京都Ⅰ類（2019年度）······························· 本冊P.190

　正解：5

　頂点A、頂点F及び点Pの3点を通る平面を、与えられた図に書き込むと以下のとおりとなる。なお、AFと平行な線がPQとなり、CQ＝2cmとなる。

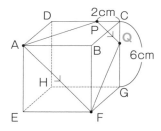

　このとき、切断面はPQ//AF、PA＝QFなので、これは左右対称になった**等脚台形**である。△CPQにおいて三平方の定理からPQ＝$\sqrt{2^2+2^2}$＝**$2\sqrt{2}$** cm、△ADPにおいて三平方の定理からAP＝$\sqrt{6^2+4^2}$＝**$2\sqrt{13}$** cm、同じくFQ＝**$2\sqrt{13}$** cm、△AEFにおいて三平方の定理からAF＝$\sqrt{6^2+6^2}$＝**$6\sqrt{2}$** cmだから、等脚台形の高さは、以下のように三平方の定理から$\sqrt{(2\sqrt{13})^2-(2\sqrt{2})^2}$＝**$2\sqrt{11}$** cmとなる。

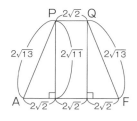

　これより求める面積は、$(2\sqrt{2}+6\sqrt{2})\times2\sqrt{11}\div2$＝**$8\sqrt{22}$** cm^2 である。

正解：3

解説の便宜上、6個の立方体を下のように①〜⑥とおく。

3点A、B、Cを通る平面で切断すると、以下のとおりとなる。
①同一平面上にあるAとBを結ぶ。
②ABの上面と平行な下面に切断点Cがあるので、ここから平行に線を伸ばし、ぶつかったところをDとする。
③AとDが前面で同一平面上にあるので結ぶ。
④立方体が組み合わさっているが、BとDは同一平面の位置にあるので、表面にある部分は実線、内側は点線で結ぶ。
⑤BとCも面がないところはあるが、同一平面の位置にあるので、点線で結ぶ。
あとはわかりやすいように点線を加えている。

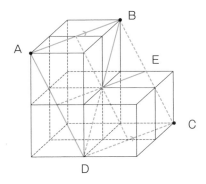

1 × ③の立方体は**切断されない**。
2 × 切断される立方体は**5個**である。
3 ○ 切り口がひし形になる立方体は、②と⑤の**2個**である。
4 × 切り口が正三角形になる立方体は**ない**。
5 × 切り口が二等辺三角形になる立方体は①と④と⑥の**3個**である。

正解：**2**

立体Xを見た方向を、下のようにア〜オとする。

【立体 X】

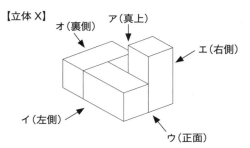

①〜⑧の図がそれぞれア〜オのどの向きから見たものか確認すると、
①は**ア**、②は**ア**、③は**ウ**、④は**あり得ない**、⑤は**エ**、⑥は**あり得ない**、⑦は**イ**、
⑧は**オ**である。
　したがって、あり得ないものは**2つ**である。

正解：**4**

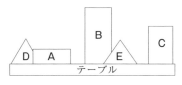

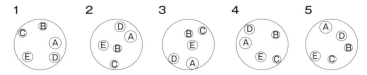

　立面図の特徴は、ある方向から見たとき、
ア：左から**D**、**A**、**B**、**E**、**C**の順に並んでいる。
イ：AはDの**前**にある。
ウ：EはBの**前**にある。
　以上、ア〜ウをすべて満たすものが求める平面図である。
　したがって、この3つの条件を満たすのは、**4**を左斜め下から見たときである。

4

正解：5

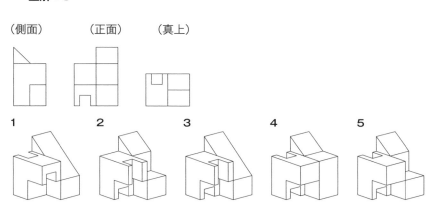

（側面）　（正面）　（真上）

1　2　3　4　5

　与えられた、立体の側面、正面、真上から見たものと、各選択肢の見取り図について考える。
　正しいときは○、誤りであるときは×と書くことにする。

	側面	正面	真上	
1	○	×	×	…正面はへこみの位置、真上は辺が異なる
2	○	×	×	…正面も真上もへこみの位置が異なる
3	○	×	×	…正面も真上もへこみの位置が異なる
4	○	×	○	…正面の辺が異なる
5	○	○	○	

　したがって、立体の見取り図としてあり得るのは**5**である。

正解：1

図のように点**A**〜**D**をおく。

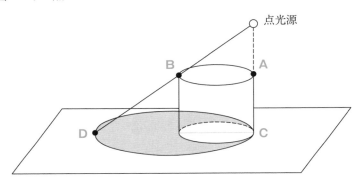

　円柱の上面は点**A**、**B**を直径とする円であり、これに光を当てたから、できる影は円と相似な図形、すなわち点**C**、**D**を直径の両端とする円である。

　これより、地面にできる影を真上から見た様子は、**黒い円に白い円を内接させた図**だから、**1**が正解である。

4 5 回転体・図形の移動

問題1 　警察官Ⅰ類（2021年度） ·········· 本冊P200

正解：2

辺BC＝x、辺AB＝yとおく。
V1、V2、V3を作図すると、以下のようになる。

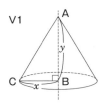 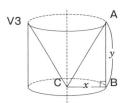

よって、それぞれの体積は、

$$V1 = \frac{1}{3}\pi x^2 y$$

$$V2 = \pi\left(\frac{x}{2}\right)^2 y - \frac{1}{3}\pi\left(\frac{x}{2}\right)^2\frac{y}{2} = \frac{5}{24}\pi x^2 y$$

$$V3 = \pi x^2 y - \frac{1}{3}\pi x^2 y = \frac{2}{3}\pi x^2 y$$

したがって、$\frac{5}{24} < \frac{1}{3} < \frac{2}{3}$より、**V2＜V1＜V3**である。

問題2 　警察官Ⅰ類（2017年度） ·········· 本冊P.201

正解：1

与えられた指示通りに一回転させると下図のようになる。

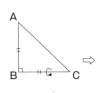 ⇒ 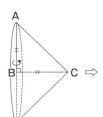 ⇒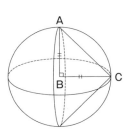

これより、できる立体は、**ABを半径とする球**だから、**1**が正解である。

問題3　東京都Ⅰ類（2020年度）　……………………………………………　本冊P.202

正解：2

　回転する角度を読み取るには、円の中心どうしを直線で結んで読み取るのがよい。

　円板Gが円板FとAに接した状態から、円板AとBに接した状態に移動するまで、移動前と移動後の中心どうしを結ぶと、図のように円板Gは右回りに**120°**回転している。本問の円板はすべて半径3で、外側を回転しているので、ここでの回転数は$\left(\dfrac{3}{3}+1\right)$

$\times\dfrac{120}{360}=\dfrac{2}{3}$（回転）である。

円板Gが元の位置に戻るまでに、これが6回繰り返されるので、回

転数は全部で$\dfrac{2}{3}\times6=4$（回転）

である。

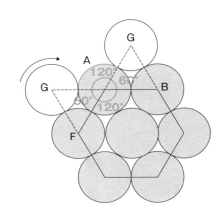

問題4　東京都Ⅰ類（2019年度）　……………………………………………　本冊P.203

正解：1

　円盤A及び円盤Bの回転数をそれぞれ確認する。円盤A及び円盤Bは直径a、大きい円は直径**3a**で、それぞれ大きい円を半周して円盤Aは**外側**、円盤Bは**内側**を回転している。

　円の回転数の公式より、外側を1周する場合は$\dfrac{\text{固定している円の直径}}{\text{動いている円の直径}}+1$、

内側を1周する場合は$\dfrac{\text{固定している円の直径}}{\text{動いている円の直径}}-1$なので、円盤Aは$\dfrac{3a}{a}+1\times$

$\dfrac{180}{360}=2$(回転)、円盤Bは$\dfrac{3a}{a}-1\times\dfrac{180}{360}=1$(回転)である。

　どちらもちょうど2回転、1回転して同じ向きに戻ることになるので最初と同じであり、正解は**1**である。

4　6　図形の個数・パズル

問題 1　消防官Ⅰ類（2018年度）　………………………………………　本冊P.208

正解：3

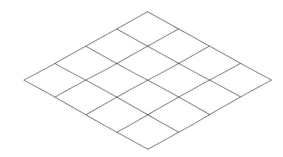

　右斜め下に伸びる辺5本から2本選ぶ選び方は$_5C_2＝$**10通り**、左斜め下に伸びる辺5本から2本選ぶ選び方も**10通り**ある。これを同時に選べば平行四辺形ができる。

　よって、ひし形の中にある平行四辺形の数は、10×10＝**100個**である。

問題 2　警察官Ⅰ類（2019年度）　………………………………………　本冊P.208

正解：4

　与えられた図形を、上の田の字の部分と、下の田の字を2つつなげた部分に分けて考える。

① 上の田の字の部分にある長方形の個数

　縦の辺3本から2本選ぶ選び方は、$_3C_2＝$**3通り**、横の辺3本から2本選ぶ選び方も**3通り**あり、これを同時に選べばよい。

　したがって、3×3＝**9個**

② 下の田の字を2つつなげた部分にある長方形の個数

　縦の辺5本から2本選ぶ選び方は$_5C_2＝$**10通り**、横の辺3本から2本選ぶ選び方は**3通り**あり、これを同時に選べばよい。

　したがって、10×3＝**30個**

③ 上の田の字の部分と下の田の字を2つつなげた部分にまたがる長方形の個数

　面積と向きを整理しながら数える。ここにまたがる長方形は右図の範囲内であり、またがるものだけをもれなくカウントする。

　面積が2で縦向きが**2個**、面積が3で縦向きが**4個**、面積が4で縦向きが**2個**、面積が4で正方形が**1個**、面積が6で縦向きが**2個**、面積が8で縦向きが**1個**、合計**12個**ある。

　よって、この図形には9＋30＋12＝**51**（個）の長方形がある。

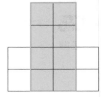

問題3 ┃ 特別区Ⅰ類（2021年度） ………………………………… 本冊P.209

正解：4

　平面を分割したときの最大個数を、実際に0本から3本の直線まで書き出してみると、以下のようになる。**直線を2本だけ交わらせる**ことと、**交点は必ず円の中に作る**必要がある。

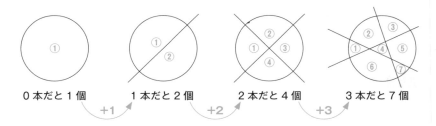

0本だと1個　　　1本だと2個　　　2本だと4個　　　3本だと7個
　　　　+1　　　　　　+2　　　　　　+3

　ここから、平面の個数の増え方は階差数列になっており、**平面の個数の増加数が1ずつ増えている**ことがわかる。

　したがって、このまま書き出していけば2本からさらに7本加えて9本になったときには**46個**になる。

直線の本数	0本	1本	2本	3本	4本	5本	6本	7本	8本	9本
平面の個数	1個	2個	4個	7個	11個	16個	22個	29個	37個	46個

正解：**5**

9個の点を、下のとおりA〜Iとおく。

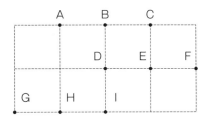

底辺の長さごとに面積が1cm²の三角形を確認すると、以下のとおりとなる。

① **底辺が2cmで高さが1cmの三角形**
　底辺ACに対し、もう1点はD、E、Fの**3通り**
　底辺DFに対し、もう1点はA、B、C、G、H、Iの**6通り**
　底辺GIに対し、もう1点はD、E、Fの**3通り**
　底辺AHに対し、もう1点はB、D、G、Iの**4通り**
　底辺BIに対し、もう1点はA、C、E、Hの**4通り**
　よって、このタイプの三角形は、3＋6＋3＋4＋4＝**20個**である。

② **底辺が√2 cmで高さが√2 cmの直角二等辺三角形**
　△ACD、△CDF、△ADH、△BEIがこのタイプで、すべて①に含まれる。

③ **底辺が2√2cmで高さが $\frac{1}{\sqrt{2}}$ cmの三角形**

　底辺BGに対し、もう1点はA、C、D、Hの**4通り**
　底辺CHに対し、もう1点はB、E、G、Iの**4通り**
　よって、このタイプの三角形は、4＋4＝**8個**である。

したがって、面積が1cm²の三角形は、20＋8＝**28個**ある。

問題5 　国家専門職（2022年度） ………………………………………………… 本冊P.210

正解：3

与えられたシートを同じ大きさの4枚の正方形のシートに分割したものを、下図のように**ア〜エ**とする。

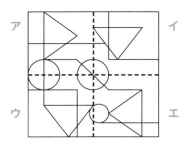

裏返すと、上下反転もしくは左右反転するので、これを意識して選択肢を検討する。

1 　× 　**ア**を上下反転したものである。
2 　× 　**イ**を左右反転かつ回転したものである。
3 　○ 　どれにも該当せず、**あり得ない**。
4 　× 　**ウ**を左右反転かつ回転したものである。
5 　× 　**エ**を上下反転かつ回転したものである。

問題6 　東京都 I 類（2019年度） ………………………………………………… 本冊P.211

正解：2

紙片の大きさがそれぞれ中途半端で面積が確認しづらいので、実際に埋めてみるのがよい。その際には、**なるべく特徴的な形をしていて、埋める場所のわかりやすいDやE**から考えるとよいだろう。Dは左端、Eは回転させて右端に埋めないと、他の紙片では埋められない。

すべて埋めると以下のようになる。

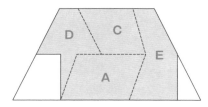

したがって、必要でない紙片は**B**である。

正解：3

　L字型の図形と、A～Dの図形の面積を確認する。正方形に区切っていくと以下のようになり、L字型の図形の面積は**3**である。これを五つ並べるので、作ることができる図形の面積は3×5＝**15**であり、Aは面積が異なるので作ることができない。

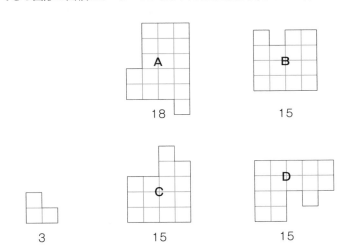

　残るB、C、Dの図形について、狭いところから並べ方を確認していくと、以下のようにBとCだけができあがり、Dはどうしても並べられない隙間ができる。

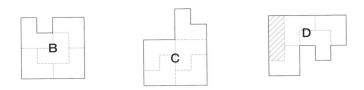

　したがって、設問の図形を五つ隙間なく並べることによって作ることができるものは**B**と**C**であり、**3**が正解である。

正解：**2**

　一辺の長さが5の正方形の床の面積は5×5＝25であり、板Aの面積は1、板Bの面積は2、板Cの面積は4だから、最も少ない枚数の板で敷き詰めるには**板C**をなるべく多く使用すればよい。
　板Cを6枚と板Aを1枚で面積は4×6＋1×1＝25であるが、これだと一辺の長さが5の正方形はつくることができない。
　板Cを**5枚**、板Bを**2枚**、板Aを**1枚**で面積は4×5＋2×2＋1×1＝25であり、これは以下のように敷き詰めることができる。

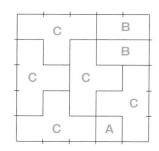

　したがって、最も少ない枚数の板で敷き詰めるときの板の枚数は、**8枚**である。